総合人間学
モラロジー概論

互敬の世紀をひらく道徳原理

モラロジー研究所編

公益財団法人
モラロジー研究所

まえがき

人類は、果てしなく広がる無限の宇宙の中で、地球という小さく有限の宇宙船の上に生きています。私たち人類は、この宇宙と地球が、過去から悠久の歴史を伝え、未来に向かって永遠に発展を続けていくことを念願しています。東アジアには「天壌無窮《てんじょうむきゅう》」すなわち天壌《あめつち》は窮《きわ》まりなく続くという思想があり、世界の各文化にも「永遠の生命」という理想があります。また、現代の人類世界は、「持続的発展」及び「人間の安全保障」という共通理念を打ち出しました。これらは、人類みずからの生命が天地宇宙とともに永続し、発展していくものであってほしい、という人類の希望を表すものです。

人類は、宇宙自然から物質やエネルギーを無償で賦与《ふよ》され、それらを元にしてみずからの生命力を伸ばし、発展することに努めてきました。ここに善の問題が現れます。すなわち、宇宙自然は、生命活動に不可欠な物質やエネルギーなど「潜在的な善」を無償の恵みとして提供し、人類は代々その恵みを受け取って健《すこ》やかな生命を実現しようと努めてきました。この活動から湧《わ》き出るものが、安心・平和・幸福という「究極の善」でありましょう。

この善の産出は、万物の相互扶助のネットワークによって行われます。宇宙のすべての存在は相互依存の関係にあり、その中でも特に生命体は相互競争の側面とともに、大局的には相互扶助と呼ばれる働きをすることによって、お互いの生存発達をとげています。この事実は、物理学をはじめ、生命界を研究する生態学・エコロジー、人間界を研究する社会科学、人間の心理を研究する諸々の学問が明らかにしているところです。

ところが、人類は、みずからを万物の霊長と思い込んで、地球上のすべての生きとし生けるものの共生体《きょうせいたい》において、もっとも高度に進歩した生物であると自負しています。生命の壮大な進化の最後に地球上に誕生した人類は、高度な科学技術文明を手中に収め、産業革命以降のわずか数百年間において、高度な文明を誕生させ、他の生命体を圧倒するまで増殖するに至りました。しかし人類は、地球資源を枯渇《こかつ》させ、豊かな自然環境を汚染し、地球温暖化等を招いて、すべての生命の存続に大きな脅威を与えています。

そこで、これまでの人類の生き方を反省し、地球環境とそこに生きている全生命を保全し、人類の生き残りを図ることが、これからの人類が目指すべき最大の善事であるといえます。

生命世界には、他のものに絶対的に優越《ゆうえつ》する地位を占める存在は一つもありません。地球上に人類が爆発的に増殖し始めた二十世紀および二十一世紀は一つの分水嶺《ぶんすいれい》であり、「驕《おご》れる人も久《ひさ》しからず」とわが国の先人が警告した事態を人類は招き寄せたのかもしれません。ともかく、人類はこの相互扶助の根本をよくよく理解して、生存発達の指針を探求しなくてはなりません。

これまでの人類の活動を善という価値の追求として振り返ってみるとき、人類はつねに善の実質となる幸福というものを求めて、労苦を厭《いと》わず、必死に生きてきたといえましょう。ところが、そうした必死の努力の多くは、自己中心主義、自企業中心主義、自地域中心主義、自民族中心主義、自国中心主義の色彩が濃厚であり、そのためにつねに他と争い、利益を独占しようとする利己主義が支配してきました。これまでの倫理道徳は、この点を反省する姿勢が不十分であったと言わざるを得ません。

ここで重要な問題意識が浮かび上がります。それは、人間というものが、個人としても、あるいは集団としても、「生きる意味」を求める存在であるということであり、倫理道徳はそうした意味を実現する道であり、生きがいを探求するための道であるということです。人間が人生の意味を探求する存在であると見る観点は、アウシュヴィッツのユダヤ人収容所から生還した精神医学者のヴィクトール・フランクルが力説したところです。幸福といい善というも、人間が価値あるものと意味づけしたものであり、結局は人生の意味の実現です。これからの倫理道徳は、この意味の実現を巡《めぐ》って発展していくものといえるでしょう。本書は終始一貫してこのような見方を展開するものです。

この視点から考えれば、「人類の教師」として篤《あつ》い尊敬を集める古代諸聖人の教えや実行の足跡をたどることが大切となります。そこには、相互に文化的な相違を示しながらも、一貫共通する特質が浮かび上がります。それは、人類全体を愛する心、他民族への愛、他者への愛が貫かれていることです。人類の歴史を回顧するとき、こうした地球とその全生命への愛や人類への慈愛心にもとづく至純の倫理道徳にこそ、今後の人類生存の指針が示されていると明言できます。世界の諸聖人は、古代において、もっとも体系的に人生の意味を解明し、それを実現する道を私たちに示したのです。

本書は、人類の歩むべき道をできるだけ多くの側面から、より高い次元から、より深い根底から、考察しようとするものです。この倫理道徳に関する研究と実行の具体的方法を探求する学問である「モラロジー」（moralogy　道徳科学）について、その要点を紹介します。

モラロジーは、一九二八年（昭和三年）に、法学博士・廣池千九郎《ひろいけちくろう》が長年の研究と人生経験を積み重ねる中で著《あらわ》した『道徳科学の論文』において、最初に発表した学問です。現代のモラロジーは、その後の内外世界の倫理道徳についての探究の成果を盛り込み、私たちの日々の生活に役立つように集約しています。

そこで、前半部においては、現代世界の学問上の研究成果を踏まえ、人間の基本的性質と人間社会の成り立ちについて考察します。さらに歴史を振り返って、人類の倫理道徳に二つの種類の系統が見いだされることを示します。すなわち、一方は、「普通道徳」（もしくは因襲的《いんしゅうてき》道徳）と呼ばれ、人類の自己保存の本能から発達してきたもの、他方は「最高道徳」と名づけられ、古代に出現し、人類の教師として尊敬される世界諸聖人の教えに共通一貫する質の高い倫理道徳です。

後半部では、これから人類がいっそう進化していくためには、普通道徳の良質部分を基礎としながらも、加えて最高道徳を実行することが要請《ようせい》されることを明らかにします。そして最高道徳を構成する根本原理を説明し、最高道徳をどのように実行するか、その要点を述べます。最後に、この最高道徳を実行するならば、人類はよりよく進化を達成し、一歩一歩、目的とする安心、平和、幸福を実現できることを展望します。

倫理道徳は、排他的、独善的な性質のものではなく、公共的な広場において成り立つものであり、されぱこそ、万人の共生のための任務を果たすことができましょう。

人の世は無常《むじょう》です。私たちはしばしば、涙の谷をさまよう人ともなり、苦悩の渕《ふち》に立つ人ともなります。また、世のため人のために尽くそうと喜び勇《いさ》んで奉仕する人ともなり得るでしょう。いずれのときにも、どうか本書を繙《ひもと》いて参考とされ、かつまた読者の皆さまの尊いご経験をもとに、より有効な倫理道徳を創造する営みに対してご助言をお寄せいただければ幸いです。

平成十九年八月一日

財団法人モラロジー研究所　道徳科学研究センター

総合人間学モラロジー概論　目次

目　次

実践編

第六章　正義と慈悲 ―――― 151

装丁　加藤光太郎デザイン事務所

凡例

一、本書は、広く読者の方々に「モラロジーと最高道徳」の要点を紹介するものです。

二、本書記述のモラロジーに関する資料は廣池千九郎著『道徳科学の論文』『廣池千九郎日記』及び『伝記　廣池千九郎』（以上、モラロジー研究所刊）にありますので、ご参照ください。また、その他引用については、邦文のものに限定しました。

三、古典からの引用文や、宗教の教典に関する資料は、適宜《てきぎ》、文脈に適合するように、少し改変を加えてルビをつけましたので、ご諒解《りょうかい》くださるようお願い申し上げます。

基礎編

第一章　倫理道徳の目指すもの

はじめに

人間はつねに幸福を求めて生きています。幸福とは、広範かつ多様な内容をもつ言葉であり、「精神的な充足感」あるいは「満ち足りた気持ち」と辞書では説明しています。そうした精神状態はさまざまな要素から構成されており、それには家族とのあたたかな交流や友情、やりがいのある仕事、財産、さらには美しい自然に懐《いだ》かれたときの安らかな心情なども入りますが、最大公約数的な幸福感は、安心、平和、希望、喜びといってよいでしょう。

その際、もっとも大切なことは、時々刻々と変化する人生の中で、生きるうえで何が価値あることであり大事なことであるかを、そのつど正しく判断できるような精神のあり方ではないでしょうか。モラロジーでは、そのような精神の中心で働くものを「品性」と名づけ、その品性の内容と働きを理解し、さらに改善していくことが不可欠の課題と考えます。

そこでまず、この章では、私たちの生き方としての倫理道徳を考えるいろいろな立場、人間の目的としての善、人間の共生と喜び、神仏などの超越者との関わり、精神による道徳の実行などについて見ていきましょう。

一、人類の生活と道徳

(一) 人生と幸福の探求

人生の課題は幸福の探求とその実現にあります。倫理といい道徳というも、結局、人間の幸福を目指す精神と行為であり、またそのために集団が共有するルールや慣習であり、善悪の物差《ものさ》しであり、それに順《したが》って生きる道を示すことです。善悪という価値の基準は、人間の幸福を実現することにつながるかどうかによって決められるものです。

古来、幸福は究極の「よきもの」つまり善であり、他のどのようなよきものも、それをこえるものではないと考えられてきました。これは、ソクラテスの流れをくみ、アレクサンダー大王の家庭教師でもあった古代ギリシアの大学者、アリストテレス[1]の説ですが、多くの人々が賛同するところの見方でしょう。

人間の生活を根底から支えているものは何かと問えば、さまざまな要因が浮かんできます。住居も食料も、愛する家族や仲間との心あたたまる平和な暮らしも、欠くわけにはいきません。そして、ほんとうに求められているものは、心から安心して暮らせることでしょう。その暮らしは各人の自己実現[2]と人々との共生であり、それを人類は「善」[3]という価値として表してきました。人間の善への志向はまことに強いものがあります。毎日の生活では、これが善になるか、または不善、さらには悪になるか、などと立ち止まって考えることはありませんが、仲のよい親子や夫婦を見れば、心あたたまるものを感じます。それが善《よ》き価値を体現しているからでしょう。また困難な課題に挑戦し、問題を切り抜けたときに感じる達成感や喜びも善の一つの表現です。

こうした善への強い志向は、善という価値が幸福を実感させるからだといえます。人類は真、美、利、聖などの価値を求めますが、それらが幸福につながるもの、善きものを示しているからです。真に幸福を実感するときには、そこに善の価値が実現されているのです。

人間がこのように善を実現するとき、その善を生み出す力は何かといえば、それは人間性とか人格とか、さらにはその中心に位置している品性、さらには可能性としての「徳」④という言葉で表現されてきたものです。幸福と善、善と品性、品性と徳の関係等について、東西の倫理思想では、共通して多くの学者や宗教家が議論してきました。それらの議論は、今日でもなお有益なものです。そこで、それらについての東西の思想を、三つの視点から考えてみましょう。

①善についての考え

宇宙自然と人間の双方の潜在的な可能性を実現しようとする立場であり、人間の徳つまり潜在的な本来の可能性は、つきつめると大自然の働きに由来するものです。私たちは、大自然の働きを「無償の恵み」（恩恵、ギフト）として受け取ります。この恵みは宇宙大自然の善の資源からの恵みであり、人間が生きるということは、それを開発し伸ばすことであると考えられます。日本の古典『古事記』や『日本書紀』には、天地自然と人々、さらに神々が、産む、成《な》る、修《おさ》め理《ととの》え固《かた》め成す働きをすると描かれています。

②徳と品性についての考え

私たちは、人間本来の潜在的能力の開発と人間性・品性・品格の向上を目指します。徳とはそのものが秘めている本来の潜在的な特質であり可能性のことです。例えば水には水の徳があり、人間には人間の徳があります。

古代東アジアと古代ギリシアの伝統が、共にこの徳の開発という面から人間のよりよい生き方を探究しています。西洋では、キリスト教の倫理道徳も、人間各人の徳を耕し、品性を向上させるという立場をつくり上げてきました。南アジアやインドの伝統では、ヒンドゥー教も仏教も、人間の徳や品性を仏性《ぶっしょう》と呼び、それを開発し高めることを力説してきました。

③正義と慈愛についての考え

これは、個人の内面の調和を図《はか》り、人間関係・社会の公正さを目指そうとする慈愛の活動を中心とする立場です。

正義とは、昔からいう「義」のことであり、天地自然からの恵みを受け継いで開発し、各自の徳を開発する営みに各自が参加して、その開発の成果を公平に配分するということです。

このように考えれば、徳の立場は、より広い善の立場を、主として人間としての可能性に着眼して表し、正義と慈愛はその可能性を開発する標準であり活動であるといえます。

人類はこれまで、善というものを次のように考えてきたといえるでしょう。

①個人ではよりよい人生を目的とし、安心、平和、幸福を達成することを意味します。そして、大多数の人々が念願する幸福の条件は健康、長寿、豊かさ、名誉、子孫繁栄にあるといえます。

②国家社会、会社などの集団では、目的とする善はその存続と発展にあります。

③人類全体では、目的は人類の存続と発展であり、国連ではそれを「持続的発展」「人間の安全保障[5]」と考えています。

人類はまた、この目的とする善に向かう心と行為及び手段も善とし、それに反するものを悪とみなします。

善の種類

- 目的としての善　幸福（精神と肉体の善）つまり安心、希望、平和、喜び、救い、永遠の生命。幸福の基礎条件は、健康、長寿、豊かさ、名誉、子孫繁栄。人類としての持続的発展と安全保障。
- 手段としての善　目的を達成するための手段となる善であり、物質、知識、情報、地位、役割、活動、行為。

私たち人類のあらゆる活動の目的は、このように幸福という人間究極の善を実現することにあります。もちろん、時と場合により、善いとされるものが悪いものに変じることもありますし、その逆も起こります。また、人の世には「メビウスの輪[6]」「禍福《かふく》は糾《あざな》える縄《なわ》の如《ごと》し」というものが隠れているようです。人間の心は、花の色や香りのように移ろいやすいという一面もあります。人類の努力の歴史は、波に揺れる舟の上で、絶えず羅針盤《らしんばん》を求め、善と悪の標準を探究する歩みにほかなりません。

倫理とか道徳というものは、以上のように幸福という究極の善を探求する活動であり、その指針です。それは「人生における価値の創造」あるいは「人生の意味の実現」という観点から理解することができます。現代の言葉で生きがいとか自己実現と呼ばれてきたものは、結局、この人生の意味の実現にほかなりません。そして善という価値も、人生の意味の実現に向かうものを指すといえるのです。本書では、この観点からも考察を進めていきます。

（二）善を実現する三つの段階

人類の歩みを振り返れば、善を実現するために各世代が先人の努力を途切れることなく受け継ぎ、新たな創造をつけ加え、次の世代へと譲り渡していることが分かります。人類社会が善を実現していく過程は、以下のように三つの段階からなっています。

第一は、「善を受け継ぐこと」です。私たちは、祖先、社会そして宇宙自然から、いのちの存続、発展のために欠かすことのできない大きな恵みを受けています。私たちがこの世の中へと生まれ、人生を開始するとき、最初に、祖先と父母を通して、いのちという善を与えられます。そして、そのいのちを保ち、発展させるには、親の愛と保護が必要です。それは親の道徳的努力そのものです。

祖先からは、遺伝子とさまざまな有形無形の家族文化と教育を受け継ぎ、社会からは、先人が積み重ねてきた文明・文化を受け継いでいます。そして、地球科学やエコロジー（生態学）から見て、宇宙自然からは、よりいっそう根源的な恵みを与えられています。私たちが生きるうえで不可欠な太陽も大地も、空気も水も、自然界からの恵みです。生存のために自然界に働きかける農業、漁業、林業、鉱業などは、すべて自然界の恵みで成立しています。私たちは、宇宙自然から莫大《ばくだい》な善の恵みを、幸福のための元素として、資源として授かっています。

第二は、「善を育てること」です。つまり、私たちが授《さず》かったさまざまな善の恵みは善種《ぜんしゅ》ともいいますが、その種子を発芽させ、これに新しく創造的要素をつけ加え大きく育てていくことです。私たちは、いのちという善を守るために健康を気づかい、仕事に励み、家族を愛し、人に親切にし、人を思いやる努力を払っています。

第三は、「善を譲《ゆず》ること」です。すなわち、私たちの努力の成果を同世代の人々に分配し、また、子孫世代に譲り渡していくことです。仕事は、私たちの努力の成果を人々に分け与える作業にほかなりません。

このように善を育てる先人の努力を感謝して頂き、先人の意志を受け継ぐことがなければ、人生はいつも何の貯《たくわ》えもないゼロからの出発となってしまいます。善を育てる努力を積み重ねることを怠《おこた》れば、次の世代に譲る精神的・文化的資産をもたないことになります。

こうした善を実現する三段階の活動は、人間だけでなく、すべて生命というものの本質に根ざします。私たちは、過去、現在、未来という三世代を連続して生きる生命体です。すなわち、過ぎ去った無限の過去世代、この世で自己の限りある寿命を舞台とする現在世代、これから先、無限の延長が期待される将来世代という三世代です。人間は、この世代間の生命リレーが途切れることなくつながっていくようにと念願し、この世代間のリレーの線上で、人間生命にとって善となる元素をバトンタッチし続けます。これは歴史という時間軸の上での相互扶助のネットワークです。この世代から世代へのリレーは、第八章に述べる伝統報恩という最高道徳の活動ともなるのです。

人類は、代々、このように善を受け継ぎ、育て、分かち合うという循環を繰り返すことによって、永続する生命の共生体を形成しています。父母・祖先、先人たちは、私たち子孫世代が善を積み重ね、発展させていくことを望みます。私たちがその意志を受け継ぎ、善を育て、分かち合うように努力をすれば、安心し、喜ぶにちがいありません。

(三) 幸福の実現と品性の向上

私たちは、自分自身の寿命と人生だけでなく、子や孫など子孫世代が代を重ねて繁栄し、幸福で発展的な人生を送ってほしいと願っています。

しかし、幸福に至る道は決して平坦ではありません。人間が生命を保持していくには、いくつもの障害や課題が待ち受けています。天変地異《てんぺんちい》への対応、健康の維持と増進、相互の利害を調整するためのルールや制度づくり、富の公正な分配など、多くの活動が必要になります。さらに、人間が意欲的に活動していくためには、社会の平和が必須の条件です。つねに生活に不安がつきまとい、心にも社会にも安全や安心がない状況では、生きる喜びを味わうことは困難です。

そして、幸福に至るには、私たち個人の努力が不可欠です。つまり、みずからの与えられた境遇や能力を、どう生かし切るかにあります。個々人の運命を左右するものは、日々の心づかいの積み重ねです。心づかい、つまり精神作用の質を決めるものを品性と呼びます。この品性がいかに大切であるかは、いのちを懸《か》けて戦場にのぞんだ昔の武士が実感したところです。例えば武士にとって、心を修めることが修業の中心であり、それはみずからの品性を磨くことでした。そして、感謝、忠誠、信義、責任、さらに芸術の嗜《たしな》み、危機にのぞんでの沈着冷静には絶大な効果がありました。

精神作用は、知らず知らずに呼吸法、食事、排泄《はいせつ》、睡眠《すいみん》、仕事の仕方、健康と気力と創造性を左右していきます。身近な生活の例では、落ち着いた呼吸は元気の源ですが、短気であったり感情の波が激しい人は、健康を損ないます。

せかせかする人は、食物をよく噛《か》まずに飲み込み、胃腸の消化が悪く、いろいろな病にかかりやすくなります。そういう人は、仕事には熱心で力を発揮《はっき》するようであっても、焦《あせ》りの心に駆《か》りたてられていますから、作業の工夫と段取りが粗雑《そざつ》で、注意に欠けて事故を引き起こします。そのとげとげしい心は、どうしても人間関係にひびを入れます。

一方、長寿型の人々には共通に見られる心の特徴があるようです。物事に感謝し、美しいものを味わい、夢を楽しみ、ユーモアにあふれています。ゆとりがあり、感謝、沈着冷静、寛大《かんだい》な心、安心、希望、喜びというような心があります。「感謝は創造の母」（ハンス・セリエ⑦）ともいいますが、一日を感謝の心から出発して、物事を沈着冷静に進めていきますと、その成果には偉大なものがあります。

しかも、自分の心は自分自身の心がけしだいですぐに改善することができますし、そのよい効果も瞬時に自分の心の中に生じます。私たちの心の使い方を方向づけているのが品性です。これからの時代、人生の幸福を約束するための原点は、何より毎日のこのような各自の品性の開発にあるといえましょう。

二、人類共通の倫理道徳

（一）人類共通の目的

現代では、科学技術が発展し、人々の価値観が変化し、人類社会のグローバル化が進み、それと関連して新たな課題が発生しています。中でも、すべての生き物の生存を脅かす地球環境問題は、今後の世界にとって根本的に重要な課題です。このような時代を迎えて、人間の目的とする善の内容は、いっそう地球規模のものへと拡大しています。

とりわけ現代は、共生という考え方が、人間の基本原理として重要な意味をもつ時代です。共生の哲学は一歩進んで、国連で相次いで打ち出された人類全体の「持続的発展」、さらには「人間の安全保障」という目的につながるものです。

持続的発展とは、二十世紀の末に国際連合（国連）で採択された理念であり、人類が協力し合って地球を保全し、宇宙船地球号という枠組《わくぐ》みの中で考え、世代を重ねて文明・文化を永続的に発展させていこうという考えです。いうまでもなく、地球は人類にとって最大最高の公共善であり至宝であって、持続的発展とは、その地球の健康を守り、未来永劫《えいごう》にわたって子々孫々へと譲り渡していくための理想であり行動指針です。

この持続的発展という考えは、私たち人類が自分たち世代の喜びや幸せだけでなく、子孫の行く末を心配し始めたことを物語るものでしょう。子孫にも私たちと同じように豊かな資源と環境を遺《のこ》してあげたい、このままでは資源も枯渇《こかつ》し、環境も破壊される、という地球スケールでの思いやりが芽生え始めたことの証《あかし》です。

また、「人間の安全保障」という考えも現れました。これは二十一世紀に入って明確にされた最新の理想です。国家を守る国防というこれまでの意味の安全保障とともに、一人ひとりの人間が、飢餓《きが》や病気、貧困や教育の不足などの問題を乗り越え、自由な機会を得て人間としての能力を開発することであり、それを人類全体が協力して保障し合うことを意味します。

国家単位の安全保障はもちろん大切ですが、国家の枠《わく》に関わりなく、難民とか、戦災孤児とか、身体障害者、病人、犯罪被害者など、一人ひとりの人間について、生命の安全をはじめ基本的人権の保障を図ることが要請されるようになったということです。全世界にテロが浸透し、天災が地球全域に広がろうとするのが現代です。それは人口の爆発と都市集中とにより、同じ災害でも被害が激甚《げきじん》となるからであり、旱魃《かんばつ》、疫病《えきびょう》みなしかりです。国家単位での安全だけを考えていては追いつかない事態なのです。私たち人類のこれからの生き方は、こうした人類共通の理想の実現を目指し、地球的な広がりを帯びた公共意識が求められているのではないでしょうか。

人類の目的

①普遍的な目的――生存・発達・安心・平和・幸福

②具体的な目標――健康・長命・開運・子孫繁栄

人類の持続的発展（開発）・人間の安全保障、基本的人権の保障

(二) 相互扶助と公共性

地球上のすべての存在は、互いに密接に関係し合っています。例えば、私たちが呼吸する酸素は植物から供給されますし、必要とする穀物、野菜、卵、肉などの食物は、もともと地上に育ち、川や海に生息している生き物です。他の多くの生き物も、複雑な食物連鎖で結ばれています。また、私たち人間は、社会を構成し、ほとんどの生活必需品を空間的に広範囲に住む他の人々から得るとともに、時間的な広がりの中で、過去や未来とも複雑につながっています。このような事実を見つめると、結局、私たちは、全地球的な規模の相互依存のネットワークの中で、はかり知れないほど多くの存在に支えられて生きています。こうした相互依存、相互扶助によるほか生きられない事実から、倫理や道徳と公共性の問題が立ち現れるのです。

ところが、私たちは、他の人の心身の内部で発生している喜び、痛み、悩みは十分に実感することはできませんから、どうしても自分個人の善すなわち幸福実現だけに関心が強くなります。極端になれば、他人や社会は自分の幸福を実現するための手段とさえ考えます。

しかし、よく考えてみると、真実はその逆であって、自分とは、いわば「自然界と多くの人々でつくる公共的なものの海」に浮かぶ小さな島にすぎません。公共的なものが、個々人の私的な生活や幸福を支えているのです。地域社会や国家の治安と安全が乱れるとき、登下校途中で子供は襲われ、老人が健康のために行う散歩さえできなくなるなど、安全や安心は生まれず、一人ひとりの私的な幸福は損なわれます。個人の安心、平和、幸福を実現するには、公共の善というものを整えねばなりません。あらためてこの真実を知ることが、人間の幸福の条件になってきました。

善は、個人的側面と公共的側面から成り立ちます。

まず、個人的側面の善は、これを「私的善《してきぜん》」⑧と呼ぶことができます。私的善というのは、個人の生活領域つまりプライバシーとしての善であって、自分自身が感じる安心、希望、喜びであり、そのための条件として、健康やさまざまな能力、経験、知恵、仕事、物的資産、家族があり、さらに人間関係、社会的地位や信用などが加わります。健康に留意し、能力や経験を生かして仕事に励むことは、この私的善を高めるためです。

次に、公共的側面の善は、「公共善《こうきょうぜん》」⑨と呼ぶことができます。公共善とは、個人の領域をこえて他の人々、さらには社会全体に関わる善です。それは、きれいな空気と水、道路や通信網、医療などライフライン（生存基盤）を土台として、さまざまな方法で人間のいのちの存続・発展を支えるものです。公共善は、人類の生存基盤である大気や土地をはじめとする自然、法律や制度、歴史を経《へ》て積み重ねられた言葉、知識、科学、技術、文化、同朋感情など多様なものからなっています。国家や国連による安全保障や治安などは、国家的、世界的な規模での公共善であり、さらに地球環境の保全と人間の安全保障は、地球規模の公共善といえましょう。

こうした公共善を具体的な形で示すものが公共財であって、政治、経済、外交、教育、医療や年金、福祉に関わる法律や制度などは、いずれも公共財です。その公共善や公共財を尊重する心が公共心です。

人間の欲求と生存

①私的な欲求――――私的な善が対応し、個人の生存が全《まっと》うされる。
②公共的な欲求――――公共的な善が対応し、人類の生存が全うされる。
公共善の担《にな》い手《て》は公共財であり、公共心がそれを支えている。

(三)　安心と喜びの共生社会

私たちは、人類全体としては持続的発展と安全保障を目的とします。一方、個人としては健康で長生きし、苦悩を乗り越え、喜びの人生を開いていくことを希望します。また、大多数の人は、子孫に恵まれ子孫が幸せな生活を送り、代を重ねて繁栄していくことを願います。このような健康、長命、開運、子孫繁栄は、幸福感を支える基本的な条件です。これらが調和的にそろえばそろうだけ、安心、希望、喜びからなる幸福感は強固な基盤を得ることになるでしょう。もちろん、これらは幸福を築くための条件であって、少々欠けるところがあっても、精神的な安心、希望、喜びは得られます。

精神的な幸福感は、生きがい、自己実現、安心、喜び、充実感、やる気など、さまざまな言葉で表されます。救い、悟《さと》り、安心立命《あんしんりつめい》、天国、極楽《ごくらく》など古来の理想は、みな精神的な幸福の極致《きょくち》を言い表したものでしょう。しかし、精神的な幸福の内容は、つきつめれば、安心、希望、喜びであるといえるでしょう。

たとえ体が丈夫で長生きしたとしても、仕事の分野で成功したとしても、心に安心、希望、喜びがなければ幸福であるとはいえません。また、障害や病気のうちにあっても、心に安心と喜びを獲得している人があります。病床にあって動くことがままならない状態でも、安心、希望、喜びに生き、周囲の人々に励ましや感動を与えている人もあります。苦悩の中にあっても、心のもち方を工夫し、受け止め方を変えることにより、安心、希望、喜びを得ることができます。

人類は、これまでは科学技術を発達させ、地球資源に働きかけて、機械をつくり、衣食住を支える物財を潤沢《じゅんたく》に製造し、薬剤や医療技術を開発し、健康で快適な生活を追求してきました。しかし、地球は物質的に有限であり、資源にも環境にも限りがあるということが自覚される段階に入って、新文明は内面の心の豊かさから喜びを獲得するというタイプのものへと変化しています。

しかし、この変化発展は、もう物質は要らない、心の時代であるという意味で「物から心へ」という単純な変化なのではありません。真の変化は、せっかく達成した豊かな物質文明を生かしながら精神の豊かさを開発するということであって、「物を生かす心が変わる」というように理解されるべきものです。これは精神善の価値と領域が拡大し、その質も変わるということでしょう。この意味で、これからの倫理道徳は、人類の持続的発展と人間の安全保障という大勢《たいせい》にそって、精神の喜びを目指す指針となり実践となるでしょう。

この点で、情報革命が、いったいどちらに向かうか、いまだはっきりした見通しは立てられませんが、かつてトフラー[⑩]が『第三の波』において描いたように、人類文明の新たな波であることは確かです。明らかなことは、それを善用すれば人間の肉体の制約を乗り越えて、伝来の産業はもちろん文化活動の面でも、精神の世界が飛躍的に拡大するにちがいないということです。情報処理、知的活動の仕事が在宅のままに可能になるでしょう。医療の分野でも音楽療法など感性の療法が発達し、また介護や教育の分野でも、心のケア⑪や精神の開発の面で少なからぬ発展が期待されます。

　文明の利器をこうした善の方向に活用するために、イノベーション⑫（革新・改革）を促進《そくしん》することは真に重要な道徳です。また、文明の利器の進歩に遅れる、ついていけないというのが、老化していく段階にある通常の人の人生ですが、努めて進歩に遅れないようにすれば、それが脳を刺激し、活性化する一助となりますから、その意味でも少しずつ学習し、進歩をあきらめないようにしたいものです。

三、これからの倫理道徳

（一）倫理道徳に対する誤解

　倫理道徳は、人類がその原初より必要とし、現在の日常生活の中でも実行されているものです。しかし一方で、倫理道徳には、これまで、さまざまな誤解がまとわりつき、批判が向けられています。例えば、

①倫理や道徳といっても、それはきれいごとの理想であって、実行しても大した効果はない。
②倫理道徳は自分を犠牲《ぎせい》にし、損を重ねる生き方にすぎない。
③倫理道徳は国や社会からの強制であり、個人の自由を制限するものである。

と考えるような重大な誤解があります。

　これからの倫理道徳の最大の任務は、その実行が、私たちの安心、平和、幸福を成就《じょうじゅ》するもっとも

とにあるでしょう。

第一に、道徳実行の効果を証明することです。「これこれの倫理道徳を実行すれば、このような好結果をもたらすことができる」ということを確かめることです。

原因と結果の法則、つまり因果律《いんがりつ》を踏《ふ》まえて道徳の実行に科学的な裏づけを与え、だれにでも納得のできるように説明していくことです。そのためには、道徳的な精神を養い道徳的な行動を行った人が、確実に幸福への道を歩んでいる事実を示すことです。本物の倫理道徳とは、理想を述べるだけでなく、現実に善悪の基準を示し、個人の幸福と人類社会の発展を実現する実力を備えるものでなければなりません。

第二に、生活と人生に調和のとれた指針を与えるものでなくてはなりません。すなわち、個人の生活のいろいろな領域の間を対立させず、調和した指針を与えるということです。例えば、日常の目的を金儲けのみに置くとしたら、家庭やその他の社会生活、人間関係を犠牲にしてしまう危険性が高まります。逆に、家庭生活の楽しみや余暇活動のみを追い求めて仕事の方面を軽視すれば、やがて暮らしは立ち行かなくなるでしょう。倫理道徳は、弊害《へいがい》を生む偏《かたよ》ったものであってはならず、人間の実生活の全体に調和のとれた指針を示すものでなければなりません。

第三に、個人と社会との調和をもたらすものでなくてはなりません。個人の幸福や利益など私的善の追求を利己的に先行《せんこう》し、贅沢《ぜいたく》に走りますと、若いころは大丈夫であっても、やがて自分の体は生活習慣病などにかかり苦しみます。そればかりか、自分が原因で福祉に関する国家の予算に負担をかけることにもなります。

これからの倫理道徳の方向には、公共性が求められます。必ず公平にお互いの幸福を招来《しょうらい》し、人類のいのちの存続と発展をもたらすことができるものであって、自分と関係する人々のすべてによい効果を及ぼすことが望まれるのです。

(二) 超越存在と公共精神の広場

ここまでたどってくると、人間の幸福にとっての究極のテーマが姿を現してきます。人間のよりよい生き方の探究は、先人が天地自然や神仏と呼びならわしてきたような、人類をこえた聖なる存在との関わりを抜きにしてはありえない、という現実です。古来、あらゆる文化において、人類は生きるための叡智《えいち》（wisdom）を求め、それを天地自然の道や神仏の心というものと結びつけて考えてきました。世界諸聖人⑬は共通に、人類が幸福になる法則を尋《たず》ねて、あるいは天地の道を問い、あるいは神の心、仏の心を求めました。

残念なことに、人類の歴史では、そういう諸聖人の貴重な教えが、それぞれ異なった宗教として受け継がれてきました。それゆえ、共通の叡智を解き明かしながら、互いに他を認めない傾向に走り、他の考えを否定し排斥《はいせき》する傾向を強めてきました。

そこでモラロジー（道徳科学）では、次のように提案します。これは後に第四章で取り上げる世界の諸聖人の教説と事跡から、学問的に示すことができるものです。

①人類社会では、さまざまな価値観や生き方の立場を平和的に共存させるため、聖なる超越的な存

在というものを世界諸聖人が教え、また大多数の人類がその存在を認めています。私たちは、この人類社会に共通の事実から出発します。すなわち、人類は、生存発達の根源であり本体である宇宙、天地自然を、非人格的には天または自然と名づけ、同時に心をもった人格としては神や仏などさまざまな名称を充《あ》てて呼びならわしてきました。

②したがって、道徳の考え方として、宇宙と神仏とをこのように理解すれば、宇宙は神仏の全身全霊《ぜんしんぜんれい》であり、人間はそうした宇宙の一員であって宇宙神仏の分身であり、分霊《ぶんれい》であるということになります。宇宙には、あまねくものを支配する法則が働いていますが、古来、人類はそれを神仏の心と理解し、近代科学が起こる前、科学者たちは神仏の心を宇宙自然界と人類社会の法則、人間個人の身体の法則として解明しようとしました。

③人類は、異なる文化において、神仏に各種の異なった呼び名を与え、異なる存在であるかのように理解してきましたが、科学的にも、現実にも、私たち人間は同じ宇宙自然を前提にして生きている、と考えられます。各人及び各文化は、同一の宇宙自然を異なる名称で呼びながら、それについて考えられる法則や神仏の心というものを導きの糸として、倫理道徳を実行しているのではないでしょうか。そこでは、あたかも同じ山にいくつも異なる登り口があり、道があるようでも、実は同じ頂上を目指して登っているのである、と考えられるのです。一休禅師《いっきゅうぜんじ》の道歌《どうか》に次のようなものがあります。

分《わ》け登《のぼ》る　麓《ふもと》の道は多けれど

同じ高嶺《たかね》の　月をみるかな

これからの倫理道徳は、世界の各文化の違いは尊重しながらも、以上のような共通性をもとに考える必要があります。

④個々の宗教のあり方としては、もちろん即座にこの立場に賛同することはできない人もあるでしょうが、倫理道徳の広場では、このような共通の原理を踏まえるほかないと思われます。現に、グローバル時代とは、多様で異なる信仰、異なる文化、異なる民族の存在を保障しながら、「共通道徳」（コモン・モラル）⑭が形成されてきている時代です。モラロジーは地球時代の倫理道徳について、このように考えてみることを提案いたします。

(三) 歴史、宗教及び科学の叡智の統合

モラロジーを解説する本書には、一貫して宇宙、天地自然、神や仏という言葉が出てきます。神や仏という言葉は、天地自然や宇宙自然と言い表してもよいものです。いずれにしても、ここからモラロジーは宗教の一種ではないか、という疑問が出ることは当然でしょう。なるほど、神という言葉が出てくるという点だけとれば、宗教の要素を含むものです。

しかし、世界史において宗教の形をとって伝えられ活動してきたものが、倫理や道徳として偉大な働きを示し、人類の幸福実現に貢献してきたことは紛《まぎ》れもない事実です。学問として、この事実を無視し排除して、人類の幸福を実現する道を解明することは不可能であり、誤りであるといえましょう。

人間にとって宗教や信仰の働きは、科学という人類の精神的活動とともに不可欠の要素です。

モラロジーは学問、科学として、この歴史の事実を事実として承認し、世界の優れた宗教における信仰を排除することはありません。宗教と信仰の叡智と実績を科学的に解明し、道徳にとっての高次元の元素として進んで摂取《せっしゅ》します。つまり、モラロジーは、世界諸聖人が説き、かつ実行したところを出発点とし、科学と歴史上の事実を合わせて検証して、倫理道徳を創造し、実践することに主眼を置きます。

それゆえ、これからの人類の倫理道徳は、歴史、宗教、科学から得られるあらゆる叡智を吸収し、総合するものとなるべきでしょう。モラロジーは、世界の諸聖人に学び、寛大で円満な信仰心を根底に置き、人類の現実生活において、安心、平和、幸福を探求しようとするものです。

四、道徳実行の根本精神

フランスの哲学者パスカル⑮は、「人間は考える葦《あし》である」と、意味深長《しんちょう》な言葉を遺しました。パスカルは、「宇宙と比べれば人間は弱い葦である。しかし、その弱さを知るがゆえに尊い存在である」として、人間の精神の高貴さについて述べています。人間の活動すべてにおいて、その精神の良否が重要です。倫理や道徳でも心の実行が決め手であり、精神的実行というものが肝心《かんじん》です。

心の実行が重要であるという理由については、次のように考えられるでしょう。

①心に思うことが、外面に現れる行為を決定します。

②赤いを赤い、悲しいを悲しい、美しいを美しい、美味《おい》しいを美味しい、喜びを喜びと感じるのは、

すべて心の作用です。感じたり考えたりする人の心の作用を離れて、それらのものがあるのではありません。

③心に想像する、感じる、味わう、考えるなど、頭脳や身体に生じる感情や情報が、これからの文明ではより拡大し、人間の幸福感を発展させます。豊かな物質生活の上に、精神の喜びと人間同士の交流の味わいがいっそう重要となるでしょう。

④古代、釈迦《しゃか》の系統を引く思想によれば、「色即是空《しきそくぜくう》　空即是色《くうそくぜしき》」といって世の中の人も物事も無《む》常《じょう》であり、絶えず移り変わるのです。万物は恒常《こうじょう》でなく無常であると「心に知る」ことが、私たちをさまざまな「こだわり」や「とらわれ」から解《と》き放《はな》ち、自在な心の力を高め、深い安心と喜びを生み出します。

このように、考え方を変え、心を働かせることが肝要《かんよう》です。道徳は、人間としてよりよい生き方を目指す指針です。それは自分に与えられた善の資源である心と体を用いて、まず自分自身の心と体をよりよく生かすことです。自分自身の心と体の用い方において、毎日の生活の目的と方法をそのように改善するわけです。

例えば、ある人は、若く元気なときに思いきり仕事に精を出して成果を上げる人生を歩んできたのですが、過労となり、旺盛《おうせい》な食欲も災《わざわ》いして暴飲暴食《ぼういんぼうしょく》の修羅道《しゅらどう》に迷い込み、ついに生活習慣病にかかりました。老後はいろいろな臓器の病が複合した合併症に苦しみ、入退院を繰り返し、医療費負担も少なくない生活に悩みました。人生を振り返ってみると、それはほとんど自分で招いた結果です。

このようなとき、どう考えるのがよいでしょうか。それは「心の中で道徳は実行できる」と考えることであり、次のような心づかいでしょう。

①まず、自分自身の心と体の悩みについて、自暴自棄《じぼうじき》とならないことです。もうどうなってもよいとか、ここまで来てはもう何もできない、などと前進をあきらめるように思わないことです。

②世の中の人の幸せを祈ることです。病院のベッドに横たわっているとき、自分は体が痛い、呼吸が苦しい、心が不安であるとしても、世の中の人々はどうか正しい道に早く気づかれ、よい生活習慣に変え、この自分のような人生になりませんように、と祈ることはできるでしょう。

③自分の運命を人類に捧《ささ》げることです。静かに自分の状態に思いをめぐらせて、このような結果になるという経験をさせていただくことにより、自分は心と体の仕組みやそこに働く複雑な法則というものの一端《いったん》を知ることができます。自分はこの病気をしなかったならば、知らないままにこの世を通り過ぎたはずなのに、この病気になるという道を歩むことになり、貴重な気づきを得ました、ほんとうにありがたいことです、という心境を味わうのです。

病気になるという自分の出来事をこのように意味づけることは、遅まきながらとはいえ、入院しているベッドの上においてもできる心づかいです。これは、次章に述べる「意味の実現」ということでしょう。病気だけに限らず、事故や失敗もすべて、自分の品性を向上させるかけがえのない自己教育の機会であると受け止めるのです。

④死後も人のために役立つようにと願うことです。世界の諸聖人については、死んで後に慕《した》う人々が集まり、師の言行録を編集し、世界中の人々に師の学問、信仰、道徳実行を徐々に伝え始めました。聖人の人生は死後にこそ偉大な働きを表しました。私たちも、自分の人生は失敗の人生の

ようであっても、その人生が終わった後に、何ほどか人様の役に立つようになることはできるもの、と希望をもつことができるでしょう。

古来、東アジアでは、「黄帝《こうてい》、堯《ぎょう》、舜《しゅん》、衣裳《いしょう》を垂《た》れて天下治まる」⑯といわれます。動きまわらずじっとしていても、心づかいが遠大な効果を発揮するということを物語るものです。

注①　**アリストテレス**　Aristoteles　前三八四～前三二二年。ソクラテス、プラトンとならび、古代ギリシアを代表する哲学者の一人。その研究は論理、自然、社会、芸術等、万学にわたる。アレクサンダー大王の王子時代の家庭教師を務める。

②　**自己実現**　自分の潜在的な可能性を掘り起こし開発して、自分自身を自分が望む姿や生き方へと導くこと。

③　**善**　①正しく、道徳にかなった物事。②優れた物事、好ましい物事、たくみなこと。③仲よくすること（親善）等を表わす語。古来「善（the good）とは何か」は、哲学、倫理学等の中心問題であるが、本書では、「善」とは人類の生存・発達・安心・平和・幸福など、人間の福利そのもの、及びその実現にかなう事物を指す。

④　**徳**　virtue　人やモノがもっている本来の潜在的可能性や資質のこと。人間では、その人物が立派であること、優秀さ、卓越性、道徳的標準に従うことのできる能力などを表す。代表的な徳目として、プラトンの知恵・勇気・節制・正義、キリスト教の信・望・愛、儒教の仁・義・礼・智・信、仏教の慈悲・叡智、日本神道の清く明《あか》き心などがある。

⑤　**持続的発展・人間の安全保障**　持続的発展は、国連の「環境と開発に関する世界委員会」が一九八七年に提唱、一九九二年の世界サミットの基本的な考え方となった。人間の安全保障とは、二〇〇〇年、国連の「人間の安全保障委員会」が提唱した理念で、国家単位の安全保障にとどまらず、紛争、犯罪、人権侵害、難民の発生、感染症の蔓延《まんえん》、環境破壊、貧困、教育・保健医療サービスの欠如などから人間を守る社会づくりを行うこと（モラロジー研究所『倫理道徳白書 volI』七〇～七一頁）。

⑥　**メビウスの輪**　ドイツの天文学者・数学者メビウス（一七九〇～一八六八年）が考案した表裏がない曲面。帯の片方を一回ひねってから両端を張り合わせて輪をつくると、どちらが表とも裏ともいえない形になり、表裏反転の様を表す。

⑦　**ハンス・セリエ**　Hans Selye　一九〇七～一九八二年。カナダの生理学者・医学者。「ストレス学説」を発表し、生体がストレスに対応する仕組みを明らかにした。

⑧　**私的善**　自分個人の生存・発達・幸福の実現をみずから保障し、支えること。また、そのために個人が所有し、支配する力、能力、物財。

⑨　**公共善**　（ラテン語 bonum commun　英語 public good）今日の公共哲学や行政学、厚生経済学等において、社会や福祉に関する主要な概念。個人のための善（私的善）に対して、個人を含めた社会全体のための善をいう。すなわち、個人や集団、組織に対して、その生存・維持・発展を共通に保障、援助することであり、その目的を果たすために具体的な役割を担うものが公共財（public goods）である。

⑩　**トフラー**　Alvin Toffler　一九二八年～。アメリカの評論家、文明論者、未来学者。著書『第三の波』の中で、世界の歴史に押し寄せた波として、農業革命、産業（工業）革命、脱産業（工業）社会の三つの段階

の波を描いた。

⑪　**ケア**　第三章「注①」参照。

⑫　**イノベーション**　innovation　革新、刷新、新機軸、新結合を表す言葉。経済学者ヨーゼフ・A・シュンペーターが提唱した社会経済発展の基本動因。新技術をはじめ、新商品・新市場・新資源の開拓、新しい経営組織の構築などの革新が総合的に結びついて経済を変動させるという。こうした革新を遂行するのが企業家の役割とされる。

⑬　**世界諸聖人**　卓越した知徳を備え、世の模範と仰がれる人々。古代東アジアでは黄帝《こうてい》、堯《ぎょう》、舜《しゅん》、禹《う》等。キリスト教では特に信仰と徳に秀でた人。本書では、孔子、釈迦、ソクラテス、イエスなど古代聖人に、ムハンマドを加えて、世界の諸聖人と呼ぶ。

孔子　前五五一～前四七九年。中国、春秋時代の思想家、儒教の開祖。古来の思想を大成し、仁を理想とする道徳主義、徳治政治を強調。その事跡と思想は『論語』にまとめられている。

釈迦　生没年不詳（前五六六～四八六年、前四六三～三八三年など諸説）。仏教の開祖。仏陀《ぶっだ》（悟った者の意）とも呼ばれ、人々を生老病死の四苦から解き放つために修行と研鑽を重ねた。

ソクラテス　前四七〇～前三九九年。古代ギリシアの哲学者、教育者。アテナイで活動。「無知の知」「正義の大切さ」を説いたが、青年を惑わせたとの罪で死罪となり毒杯を仰ぐ。

イエス　イエズス、前五頃～後三〇年。キリスト教の開祖。ナザレに生まれ、三十歳頃、家を出て布教生活に入り、パリサイ派や祭司階級を批判したため讒訴《ざんそ》され、十字架刑を受ける。

ムハンマド　五七〇頃～六三二年。Muhammad　マホメット。イスラム教の開祖。アラビアのメッカ生まれ。四十歳頃アッラーの啓示《けいじ》を受け、預言者として新宗教を提唱。

⑭ **「共通道徳」**（**コモン・モラル**）　第四章　注⑦を参照

⑮ **パスカル**　Blaise Pascal　一六二三〜一六六二年。フランスの思想家、数学者、物理学者。大気圧・液体圧に関するパスカルの原理や円錐曲線論・確率論で有名。宇宙に比べれば、人間は葦のように弱い存在であるが、そのことを知る人間は「それを知らない宇宙」よりも尊いと説いた。主著『パンセ』。

⑯ **黄帝、堯、舜、衣裳を垂れて天下治まる**　『易経〈繋辞下伝〉』に見られる故事。黄帝、堯、舜など高い品性、卓越した精神をもった中国の古聖人は、寝ていても天下が治まったという。

第二章　人間力と品性の向上

はじめに

私たち個々の人間は、孤立して生きることは不可能であり、人という字が物語るように相互に扶助し支え合い、かつ大自然に生かされている存在です。各人は、自然界の上に社会をつくり、他の人々とのつながりにおいて生かされています。そこから物質エネルギーや情報の資源を得、環境をはじめ、法や言語、知識など、生きるうえで必要なさまざまな元素を恵まれています。

しかし、他によって生かされているといっても、人々はやはり、個性を発揮して自発的に生きることを望みます。人生という旅の途上には、晴れの日や穏やかな日もあり、雨の日や嵐の日もあります。日々、しっかりと前方を見つめ、大地を踏《ふ》みしめて歩き続けるのは、自分自身の力によります。天地自然の恵み、そして心と体の恵みを生かしていくのは、私たち自身の生命力です。よく生きるとは、その生命力を高め発揮することでしょう。

そして、私たちの人間力の中心にあって知情意をはじめ、さまざまな能力を真に生かし、人生を指導していくのは、品性という精神力です。よりよい生き方を導いていくこの力は、単に精神力一般というだけでなく、精神力の中でも「叡智」と呼ばれるものです。

一、人間存在の実相

（一）生かされて生きる

私たち個々人は、宇宙という広大無辺《こうだいむへん》な空間に浮かぶ一つの小さな点です。私たちは、宇宙の始まりから未来永劫《えいごう》へと続く無限の時間の中で、流れ星のようにほんの一瞬《いっしゅん》だけ輝いて消えていく存在にすぎません。生態系《せいたいけい》においては、生物のすべてが、空気や水、陽《ひ》の光や大地に支えられ、また、他の動植物の働きにも依存し、人間ばかりでなく、あらゆるいのちが自然のつながり、生命の相互作用の中で生きています。

また、人間は歴史の大きなつながりの中で生きており、先人が営々《えいえい》と築いてきた文明・文化に支えられています。個人は自分ひとりの力で孤立して生きているのではなく、社会の巨大な相互扶助の仕組みの中で、無数の恵みと支えを受けて存在しています。

私たちが無数の支えと恵みを受けているということは、同時に、無数の物事の制約を受けた有限の存在であるという事実を物語っています。例えば、私たちは、二本足で立って歩くことができますが、それは地球の重力のおかげであり、と同時に勝手に飛びまわることはできないという大きな制約も受けているわけです。

そうした制約の中で自由を探求していこうとするのが、人間の運命でしょう。しかも、諸々《もろもろ》の制約をただの制約に終わらせず、善の恵みへと転化させてきたのも人間です。私たちはまず、自然の制約からの解放を求めて日夜努力します。

この解放のために、人類は、一方では、自然界に働きかける科学技術を開発して活動の範囲を広げ、いのちの可能性を拡大しています。科学は、そのために自然界や人類社会の法則、人間の心と体の法則を解明していきます。次に技術は、科学が発見した諸法則を組み合わせ、人間の目的に合うように応用します。さらに私たちは、哲学や思想を生み出し、社会の仕組みや法律など人間の文化を創造し、自由を拡大しようとします。

このように、人間はつねに自由を求める存在ですが、いくら自由といっても、法則や規則というものに従わなければなりません。自然界に働きかけるときは、自然界の曲げることのできない必然の法則に従わなくては何事もなしとげることができませんし、社会に働きかけるときには、人間社会の規則や決まりごとを無視できません。自由とは、必然の法則に従うことによってなしとげられるといえるのです。

私たちは、こうした制約を、かえって幸福のための資源へと転化することによって、限りある一生の間にも、豊かな意味、喜び、生きがいを得ることができます。そのときは、人間の考え方や意思が重要な働きをします。

(二) 欲求の充足から

私たちは、日々さまざまな欲求に動かされて生活しています。欲求は、人間を一定の行動へと駆《か》りたてる心と体の原動力です。生きるということは、欲求を満たしていく活動にほかなりません。

心理学者のアブラハム・マスロー[①]は、人間の欲求を研究して、次の五つの階層からなると理解しました。

①生理的欲求――食欲、性欲、睡眠欲、排泄欲など。
②安全への欲求――心身を危険にさらすものを避け、安全を求める欲求。
③所属への欲求――特定の人間集団に所属し、愛し愛されたいという欲求。
④自尊の欲求――人や社会から承認され、尊敬されたいという欲求。
⑤成長への欲求――理想や価値を追求し、なりたいものになろうという欲求。

欲求を充足するには、物質と情報や知識が必要であり、他の人の協力や支えも欠かせません。しかし、これらの支えは必ずしも十分に手に入るとはかぎりません。

そこで、私たちはしばしば欲求を満たすことができず、欲求不満に悩むことになります。不満を解消する方法としては、欲求そのものをあきらめるか、小さくするか、欲求充足に役立つ別の手段を獲得することへと方向転換するしかありません。「足《た》るを知《し》る」（知足安分《ちそくあんぶん》）という教訓が古くから唱《とな》えられてきた理由がここにあります。この節欲と手段獲得とのバランス、そのための考え方や方法が、人生のあり方を左右することになります。

手段獲得の方法についても、昔から、努力や勤勉《きんべん》、正直《しょうじき》、誠実《せいじつ》などの徳が、道徳上、よい生き方として教えられています。経験上、そうした生き方によって信頼や人望が得られ、自分を支えてくれる人が自然に増加し、人生を全《まっと》うすることができるからでしょう。しかも、人間の欲求は、つねに自分のことだけを考える利己主義に走りやすく、過剰《かじょう》に肥大して、欲望や野望となり、かえって幸福の実現に失敗することがあります。道徳は、自然の法則から逸脱《いつだつ》して過剰になりやすい人間の欲求・欲望に対して、善を実現するための法則にかなった姿になるようにと調整するものです。

(三) 人生の意味の探求

人の一生とは、いわば物語を書き実演する歩みです。人は人生を舞台にして、だれしも自分なりの人生のストーリー、物語を心に描きながら生きていくものです。「大志を抱く」「青雲《せいうん》の志をもつ」ということも、自分の未来に大きな物語を描いて生きることであり、人生に大きな意味を与えて生きることです。人は、自分の人生の物語が完結できないか、それを失うとき、すなわち人生の意味を見失うとき、絶望したり、虚無感にとらわれたりするのです。このように、人生という旅はその価値や意味を探し求める旅といえます。自分の人生の意味を獲得していれば、悲観し絶望することはなく、生きる力が湧いてきて生きのびることができるといいます。

では、人生の意味とはどこに見いだされるのでしょうか。アウシュヴィッツの死の強制収容所から生還した精神医学者ヴィクトール・フランクル[②]によれば、人生の意味には三つの方向があります。

第一は、自分にとっての「新たな物事の創造」であり、興味ある物事、自分の能力を伸ばす課題などを発見することです。苦心の末、科学者が新しい事実を発見したり、芸術家が創作したり、技術者が新製品を製造したりするのもこれでしょう。

第二は「出会い」であり、「つながり」であって、自分と親祖先、友達、あるいは神仏との縁などがこれです。戦争中、水兵が、乗り込んだ艦船が沈没して海に投げ出され、波間に漂《ただよ》っていて疲れ果て、絶望しかけて沈みそうになるとき、夢うつつの間に呼びかける母親の声にはっと気づき、我に返って生きる元気を取り戻したという経験が語られます。いのちのつながりを思い出し、よみがえる力が湧いてきたわけです。

第三は、「苦悩の解釈変更」です。自分が不治《ふじ》の病《やまい》など大きな困難に遭遇したときの精神です。この出来事は、天地自然、神仏が、自分にありがたい体験をさせてくださるのであろうか、と痛みや苦しみ、悩みを解釈しなおす場合に開ける境地《きょうち》です。自分にはなんらかの使命が与えられているのだと悟るわけです。自分と使命とのつながりを自覚した人は、たちどころに人生が転換し、怨《うら》みや苦しみも、徐々に感謝や喜びへと変わるのです。

苦悩と人間の成長に関して、マスローは次のように述べています。

一言にしていえば、成長と発展は、苦悩と葛藤《かっとう》を通じて生まれてくるのである。

（『完全なる人間』）

いったい成長や自己充実が苦悩や悲哀《ひあい》、不幸と混乱をともなわずして達成できるものだろうか。（中略）個人の成長にとって悲哀や苦悩がときに必要だとしたら、いつもよくないことでもあるかのように、自動的にこれを避けようとすべきでないことを知らねばならない。（同掲書）

私たちは、真の安心と喜びを愛や美の感動を通して得ることもありますが、むしろ苦悩を通じてこそ、得るようにつくられています。私たちは、だれしも人生の挫折や失敗を経験し、絶えず病気になる可能性を抱《かか》え、体の苦しみに出会い、人間関係に悩み、人生の行く手に迷います。そういう面から見ると人間は弱い存在でしかありません。

しかし、こうした苦悩を経ることにより、私たちの個人の生命力は、いっそうたくましく伸びていくことができるのです。おそらく、苦悩のときに元気が出てくるのは、脳の内部に生命を元気づける物質や働きが生じるのでしょう。

生命力は、死ぬ瞬間のように、苦痛の真っただ中のように、瞬《また》く間に生じるときもあります。また、逆に長い入院と闘病生活、貧困、悲嘆の日々を通って、徐々にその本領を発揮して伸びる場合もあります。ふだんからこの真実を学んで心にとどめて歩むならば、弱さが強さを生み出す人生となるでしょう。

欲求は、英語では「ウォント」(want)と言い、何かの要素や手段の欠乏と、また欠けているものを埋め合わせたいとする心を指します。この欲求は、欠乏したものを獲得しようとする衝動《しょうどう》であり、自分が生存し発達するために必要な原動力です。それに対して、意味の実現とは、欲求を満たすことがどのような目的と方向へとつながり、どんな価値を表すかということです。

それゆえ、人生とは、欲求を満たし欠乏を埋め合わせながら、そこにとどまらず、同時に意味を実現する旅であり、物語をつむぐ旅であるといえます。私たちが幸福感を味わうのは、自分の欲求が満たされたときというより、むしろそれらを満たす可能性を確信できて、希望をもてた瞬間でしょう。このとき、私たちは、自分が生きていることの確実な実感や喜びを経験しているといえます。だれもがみな、絶えず自分が生きていることの価値や意味を探し求め、人生の物語を完成させようとしているからです。

二、人間力をつくるもの

（一）遺伝子情報

私たちが、欲求を満たし人生の意味を実現するには、資源が必要です。そのさまざまな資源は、恵みとして天地自然および人類社会によって与えられています。それらの資源は、人生を開拓するうえで人間の基本的な力を構成するものであり、それには三つのものがあります。

第一は、いのちの根源ともいえる先天的な遺伝子です。第二は後天的に学習する知識であり、考え、活動し、人生を切りひらくために必要とされる情報です。第三は善悪を示し、生き方の指針となる倫理道徳です。

私たち人間は生命界の一員であり、自然界からかけがえのない恵みとしていのちを享《う》けて生きています。これを科学の立場で考えれば、私たちはみな、父母という二人の両親を通じて膨大《ぼうだい》な数の祖先③から遺伝子を受け継いでいます。二十代前までさかのぼれば、一〇四万人あまりの祖先が横に並ぶことになります。

遺伝子は、いのちの表れ方を決定づける、極《きわ》めて重要な情報となります。遺伝子は生命の設計図であり、私たちを地球上の生物の中で、人間という種《しゅ》に属する動物として方向づけ、生きるうえで必要な体内の仕組みや個性を開花させる準備をします。

遺伝子は、いのちが宿る体をつくるとともに、その中のさまざまな組織に分子レベルで働きかけ、いのちにとって必要な物質を適時に適量生み出すという、まさに神業《かみわざ》のような任務を担当しています。そうした先天的な働きを「本能」と呼んでいます。このように考えれば、遺伝子は、両親を通じて一人ひとりに与えられた宇宙自然からの恵みであり、情報資源であり、かけがえのない財産であると考えることができます。

この遺伝子という情報資源は、私たち一代限りで消えていく性質のものではありません。私たちが悠久《ゆうきゅう》の進化の歴史から受け継いだのと同じように、今後も未来の子孫世代に受け渡していくものです。私たちがみずからを愛するとは、いのちの具体的な姿である現在の自分をこうした恵みの結晶として慈《いつく》しみ、さまざまな可能性を開拓し、いのちが十全に開花するように生きることにほかなりません。

(二) 情報と知識

とはいえ、人間は、先天的に与えられた遺伝子とその働き、すなわち本能によるだけでは、生存発達を全うできないという制約を負っています。人間が生きていくためには、生まれてから後天的に学習する知識や情報が不可欠です。

生まれたての乳児が発する産声《うぶごえ》、「オギャー」という第一声は、この世に出てはじめての情報発信です。人間は、知識や情報を扱う動物であり、それによって友をつくり、恋をし、社会をつくり、さまざまな制度やシステム、また文化を創造して、生存と発達をとげてきました。

文化を創造し、伝達するうえで根幹《こんかん》の働きをするものが情報であり、知識です。遺伝子が先天的な情報であるのに対し、知識は、先人によって開発され、積み重ねられ私たちに与えられる後天的な情報であり、各人が学習して身につけ、生きるために役立てていく資源です。

知識は、宇宙や自然、人類社会の事実についての情報のうち体系的で秩序だった部分であり、人類の歴史の中で、日々の経験、思索《しさく》や観察、科学の研究、また天才や偉大な預言者《よげんしゃ》などによって獲得されたものです。

知識は、先人の遺産として社会文化の中に積み重ねられ、交流や教育を通じて時代をこえて人類社会の全体に共有されています。フランシス・ベーコン④は、「知は力なり」と言いましたが、知識情報は、人間の思考や活動の根幹をなし、各人の意志と努力しだいで、人生を発展させ、幸福に導く手段となります。

（三）倫理道徳

私たち人間は、遺伝子や知識を備えるだけではよりよく生きることはできません。本能及び知識と並んで、極めて重要な働きをしているのが善悪を表す倫理であり道徳です。私たちは、誕生以来、つねに社会の慣習やしきたり、法律などさまざまなルールに現れる倫理道徳から大きな影響を受けます。倫理道徳とは、本能だけでは生きられない人間が、社会を維持・発展させる指針として、長い歴史の時間をかけて試行錯誤《しこうさくご》する中から築いてきたものです。

倫理道徳は、私たちの精神と行動がつねに幸福という究極善《きょうきょくぜん》の実現を目指し、それからはずれないように方向づけています。倫理道徳は、また、相互扶助と人間共生の規範であって、各人が互いに思いやり、信頼し合う精神を育てます。家族をはじめ集団や組織の精神的結合を高め、集団の秩序を維持、発展させ、その構成員に生きがいや喜びを与えるもっとも大切な働きをしています。楽しい雰囲《ふんい》気《き》に満ち、よくまとまり、いきいきと動いている集団の中には、必ず良質の倫理や道徳が作用しています。

現在、先進諸国では、科学技術の進歩によって豊かな生活が可能になりました。しかし、地球環境の悪化に見るとおり、科学技術はつねに人間の幸福を傷つける力も秘めています。何のために、どんな技術を、どのように利用するかを選択し、決定するのは倫理道徳の役目です。知識や技術が進歩し、豊かさによって生き方を選択する幅が広くなればなるほど、善悪の正しい価値判断が欠かせなくなります。

このように私たち人間は、本能すなわち遺伝子として伝えられたさまざまな生命力を基礎に、知識を活用し、倫理道徳によって精神と行動を方向づけ、人生を開拓していくことができます。遺伝子、知識、倫理道徳は、私たち自身の可能性を広げ、価値ある人生を実現していくうえでの人間力の三大要素であり、資源であるといえましょう。

三、品性――善を生み出す根本力

（一）人間力の核心

私たちが価値判断と選択を行うときに、心の中心で作用している特別な力があります。それが「品性」という力です。品性とは、人格の中心にあって、知情意をはじめ、心身の作用を統合する力であり、その実質は「叡智《えいち》」です。すなわち、人間の諸々の知識や能力や行為を、人間の善の増進、つまり幸福のために有効に活用していくことを教える高次元の精神です。私たちは、生きるうえで直面するさまざまな課題に対して、知情意あるいは諸能力を活用し方向づけながら、その解決や対応を図っていきますが、それを指示するものが品性です。

品性は、従来、いろいろな言葉で言い表されています。品性という言葉は、英語の「キャラクター」(character) にあたり、日本では明治時代になってつくられた言葉です。イギリスのサミュエル・スマイルズ⑤が『自助論《じじょろん》』（一八五八年）という書物を著《あらわ》し、それが中村正直⑥らによって日本語に訳されて、「天はみずから助くる者を助く」という有名な言葉とともに、広く受け入れられるようになった言葉です。現在では、キャラクターという言葉は、人格あるいは性格に近い言葉として、教育学や心理学、カウンセリングなどで使われます。東アジアの古典では、品性の高い低いを表すものとして「天爵《てんしゃく》」という言葉も使われ、天によって認められた品性の高さを意味します。

元来、キャラクターはギリシア語起源で「カラクテール」といい、コインの刻《きざ》み、物の価値を表しました。それが後にキリスト教に受け継がれ、神の信仰を背景に、神の性質・能力、つまり「神性《しんせい》」が人間に吹き込まれ、それをキャラクターと呼ぶようになったのです。仏教での「仏性《ぶっしょう》」、儒教での「天性《てんせい》」というものとも通じるものです。現在では人格や性格という意味合いで、人間の道徳的な性質、能力、徳性を表すものとして用いられます。

品性は、日本語や中国語の徳（virtue）と呼ばれるものと同様のもので、優れた道徳性を意味します。道徳の実行を積み重ねることによって身につけた言動や態度、道徳上の能力という意味にも使われ、「徳は得なり」ともいわれます。私たちがある人について、人柄のよさや人格の高さを感じる場合は、その人の日常の考え方、行動の仕方にもとづいて、その人の徳の卓越《たくえつ》していることを感じ取っているのでしょう。

教育では、品性とは、今日一般的に使われている「道徳性」とほぼ同じ意味であり、「道徳の実行によって形成される各人の人柄」と見ることができます。品性は、人が他者とどのような関わりをもつかということに関係しています。その意味では、品性とは「自他を尊重し、自他の幸福を調和的に実現する働き、もしくは力」といえるでしょう。

この品性にはさまざまなレベルの違いがあります。右の「自他」の「他」には、特定の個人から、集団や社会全体、世界から宇宙まで、自分以外のすべての存在が含まれる可能性があり、無限の広がりが考えられます。また「幸福を調和的に実現する」ということについても、さまざまな質的な深まりが考えられます。したがって、私たちが品性という言葉にどの程度の意味の広がりや深まり、もしくは高まりを考えるかは人それぞれに異なってきます。

品性向上の究極においては、孔子《こうし》が述べたように、「心の欲《ほっ》する所に従って、矩《のり》を踰《こ》えず」つまり宇宙自然の法則に順《したが》うこととか、小我《しょうが》としての自己が、大自然とか宇宙という意味での大我《たいが》に同化するといった境地が考えられます。これは、世界の諸聖人が示した「生きとし生けるものに対する深い慈悲の心」につながるものです。

結局、道徳の実行と品性の向上ということは、相即不離の関係にありますから、品性について正しい理解をもつことは、道徳を実行するうえで不可欠であり、逆に、質の高い道徳の実行は、その人の品性を大いに高めることになるのです。

モラロジーでは、道徳心の発揮が品性を向上する道であり、また品性の向上に従って人間の幸福が実現する、という因果関係を明らかにします。すなわち、直接に幸福を実現しようとするのでなく、まず自己の品性の向上に励み、その自然の結果として幸福が実現する、という迂回生産《うかいせいさん》⑦の方式、すなわち目的の間接化こそが、幸福実現の有効な道であると見ます。

(二) 品性の表れ

品性は善を生む根本力であり、第一は「つくる力」すなわち創造力です。いのちの可能性をよく生かし、日々の仕事に励んで工夫を加え、人生の開拓を推し進める力です。

第二は「つながる力」すなわち人間関係の力、共生する力です。人々を思いやり、困難に直面した人を助ける力、分業と協業を図り、集団の力を発揮させる力も品性によって与えられます。集団として、社会の中の不条理な欠点を修繕《しゅうぜん》していくのも品性の働きによります。

第三は「もちこたえる力」であり、危機に対処する力です。私たちは、個人として、人生の途上でさまざまな出来事に出会い、いろいろな経験をしますが、出来事には、好ましいこともあれば、都合の悪いこともあるでしょう。楽しいこと、楽しくないこと、厄介《やっかい》なこと、なければよいと思うものもあるでしょう。そうした課題や危機に直面して、粘り強く対応しながら、もてる力を十分に発揮させる根本が品性です。

品性の三方向への現れ

①つくる力――創造力、工夫する力
②つながる力――人間関係をつくる力、自然界との関係、超越界との関係をつくる力
③もちこたえる力――危機に対応する力、回復力、復元力、衝撃の吸収力

『論語』に「小人窮《しょうじんきゅう》すればここに濫《らん》す」（衛霊公）とあります。品性が低く、深い思慮《しりょ》のない人は、窮乏《きゅうぼう》したり困難に出会うと、慌《あわ》てふためき自暴自棄《じぼうじき》になり、いい加減な生き方をしたり、道にはずれた行いをするという意味です。

人間は、善を志向し、のびやかに成長するものですが、一方では、世の悪に染まったり、これくらいと油断して誘惑に負けたり、好奇心や冒険心から落とし穴にはまったりすることがあります。また、後半生にいたって、社会的地位や権力が上がったために、例えば、権力を乱用して人々に疎《うと》んじられたり、贈収賄《ぞうしゅうわい》などの不道徳を犯し、能力が高いがゆえにかえって心の平安を乱したり、不幸

品性の成り立ちと三つの力

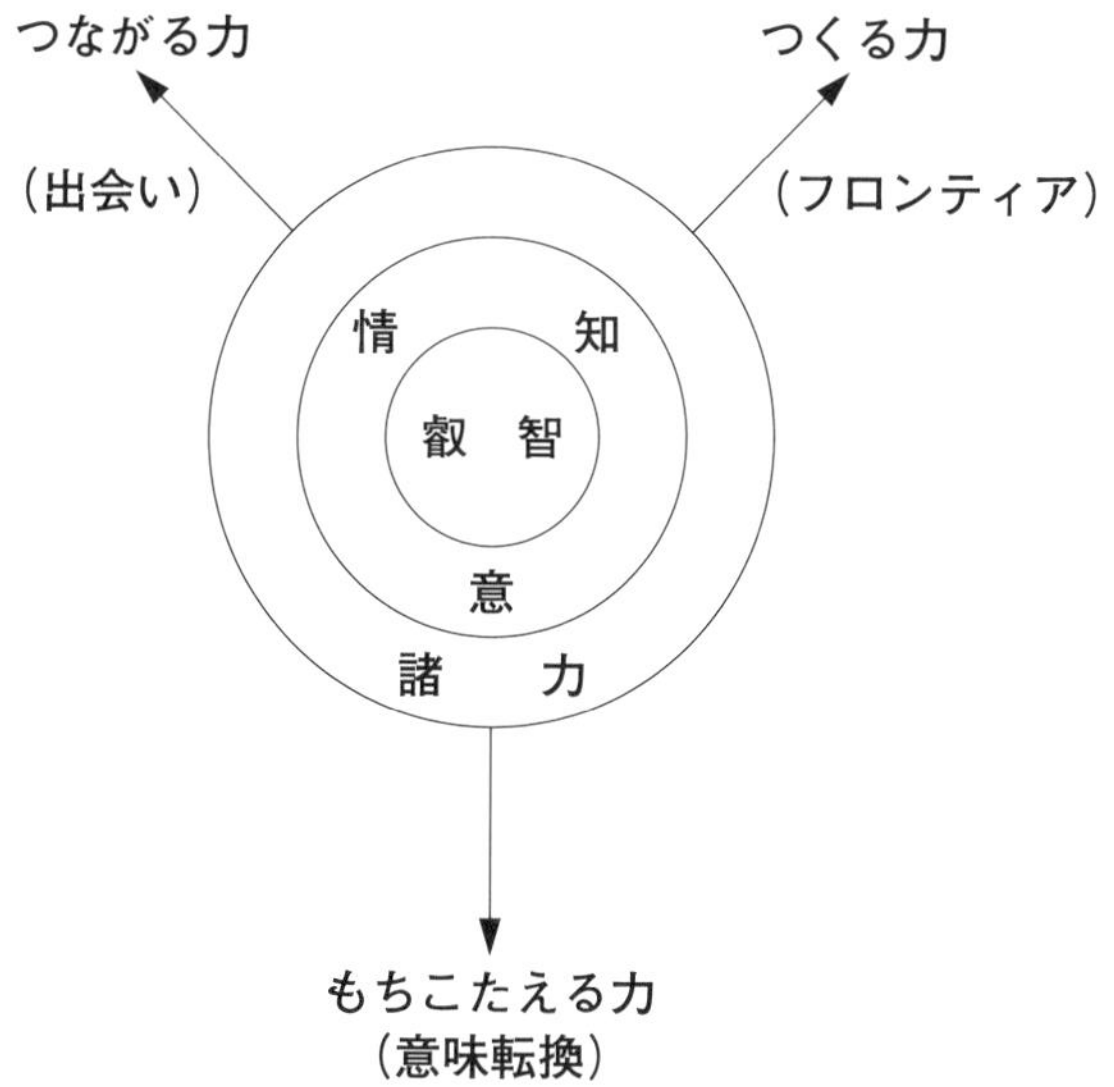

な結果を招いたりすることもあります。このような人々は、たとえ社会における地位が高くとも、品性としては結局、『論語』にいう小人《しょうじん》にあたることになるでしょう。能力が豊かであったり、社会での地位が高かったりする場合には、それを有効に使いこなすためにさらに高い品性が必要になるのです。

　品性の高い人は、待つ心が培養《ばいよう》されている人、すなわち物事が成就《じょうじゅ》するためにねばり強く努力することができる人であり、君子《くんし》のことです。君子は、必ずしも思いどおりにならない局面にもじっと踏みとどまり、品性を高め、成熟を図ろうとします。自己を損なうさまざまな誘惑に負けずそれらを退け、つねに自己の可能性を信じて希望を抱きます。のびのびとした心で人々とあたたかい人間関係を結び、大志《たいし》を失わず、弛《たゆ》まず努力を続けることができます。このような生き方を長く続けるならば、仕事も発展し、心の喜び、生活の深い味わいなど、幸せの度合いが自然に高まっていきます。

（三）人生の段階と品性向上

品性の向上、すなわち道徳的な叡智の発達には、それぞれの年齢や人生の段階に応じて、主要な課題⑧があります。それらの課題を通して、品性は向上していきます。

東アジア文化圏の人にとっては、『論語』に語られた孔子の人生段階説はもっとも広く記憶されたものでしょう。

子《し》の曰《のたま》わく、吾《わ》れ十有五にして学に志す（立志）。三十にして立つ。四十にして惑《まど》わず（不惑）。五十にして天命を知る（知命）。六十にして耳順《した》がう（耳順）。七十にして心の欲する所に従って、矩《のり》を踰《こ》えず。

（先生がいわれた、「わたしは十五歳で学問に志し、三十になって独立した立場をもち、四十になってあれこれと迷わず、五十になって天命をわきまえ、六十になって人のことばがすなおに聞かれ、七十になると思うままにふるまってそれで道をはずれないようになった」金谷治訳注『論語』、一九九九年、岩波文庫）

徳川家康は「人生は重い荷物を負《お》うて遠き道を行くがごとし。急ぐべからず」と教えたと伝えられます。焦《あせ》ってはならないのが人生の旅でしょう。今日、寿命のほうは大いに延びてきました。その課題に取り組む旅において、特に高齢期が極端に長くなりました。人生の課題は次のように考えることができるでしょう。

①乳幼児期

生まれたてのこの段階は、食事、排泄《はいせつ》、睡眠など、いのちの基本的欲求を満たす方法を訓練します。親の愛情と配慮を一身に受ける時期であり、その親密な経験があってはじめて、その後の人生に欠かせない自分自身及び自分の人生、他人や社会を意味あるもの、価値あるものと受け取る信頼感というものを身につけます。同時に、このころから家族をはじめ自分の周囲の人々を喜ばせ、ほめてもらいたいという欲求も徐々に芽生えてきます。乳幼児期の課題は、愛情の行き届いた躾《しつけ》により、信頼感と自律心を養うことにあります。

②児童期

この段階に入れば、基礎体力と言葉の能力がかなり発達し、それにつれて所属と承認の欲求がいっそう伸びてきます。他人に自分の意思を認めてもらいたいという欲求です。また、目標を決め、それに取り組もうとする自発的な生活態度が少しずつ芽生えてきます。それを支えるのがあたたかく秩序的な家庭環境です。これが欠けると、心の安定に欠けるようになり、秩序をわきまえない乱暴な子になったり、怖気《おじけ》づいたり、叱《しか》られてすぐに挫《くじ》けたり、引っ込み思案《じあん》になったりして、学校でも友達と仲よくすることが苦手となります。

教育では家庭と社会の道徳的環境が重要です。「門前の小僧習わぬ経《きょう》を読む」のたとえどおりです。門前とはほかならぬ親自身の姿から始まる、ということを忘れてはなりません。

子供の品性の発達という面では、家族の大人がモデルとなります。「徳教《とくきょう》は耳より入らずして目より入る」（福澤諭吉）ともいわれます。過保護でも過干渉でもなく、また放任でもなく、家族の協力によって子供が自信をつけ、物事をなしとげる経験を積ませるようにすることが肝心です。このころの経験がもととなり、後の人生で、天地自然や先人からの恩恵に気づき、慈愛、報恩という生き方を歩むようになります。

③青年期

この段階のもっとも際立《きわだ》つ特徴は著《いちじる》しい性的成長であり、思春期とも重なる時期です。他方、進学・就職ともからんで人生の進路と自分の役割を選択するという課題が訪れます。この二重の課題のゆえに、精神的な危機に出会うのがこの青年期です。青年期の課題は、自己を実現したいという欲求を抱えながらどのように生きるのがよいかを求めること、すなわち新しい自己の確立です。この時期は、精神的な不安定を経験する時期でもあり、友人との交流も盛んになります。大人たちは、青年の人間の性的な特性を大切に育て、学業でもスポーツでもその他の趣味でも、自分にできることを発見し、創造性を鍛え、自分に自信を抱くように導くことです。

④成人期

この時期の最大の課題は、何より異性と出会って結婚し、生命の基本集団としての家族を営むことです。現代社会には、この点を先延《の》ばしにし疎《おろそ》かにする風潮がありますが、それでは人類は滅亡してしまうでしょう。

成人期には、同時に、しかるべき職業を分担して自立し、国家社会、人類世界の存続発展に対する責任を尽くすことです。そこでは、心を広くもち、成功におごることなく、自己中心から自他共生へと向かうことが求められます。意識してそのような品性を涵養《かんよう》することが、やがて必ず訪れる老化と高齢の段階を味わいのある日々に向かう準備となります。老人ホームやグループホームなどでは、心の広い人は皆から好かれるでしょう。いわゆる高齢者の認知症でも、若いころからの記憶が生活態度として現れてくるので、若いころから人格の涵養《かんよう》が大切になります。

⑤高齢期

この時期には、遅かれ早かれ、体力が、そして気力が衰えます。すなわち老化です。さらに死という無常の風は、だれにも等しく例外なく訪れます。

インドに、次のような言葉があります。

汝《なんじ》が生まれたとき、汝は泣き、周囲の人々は喜ぶ。汝がこの世を去るとき、周囲の人々は泣き、汝は独《ひと》り微笑《ほほえ》むべし。（インドの諺《ことわざ》）

昔より「棺《かん》を蓋《おお》いて事定《ことさだ》まる」といいます。人のほんとうの評価はその人が死して後、棺《ひつぎ》の蓋《ふた》をしてから分かるものであるということでしょう。よい評価が定まるように、ふだんからの道徳実行が大切であるわけです。

人生のさまざまな喜怒哀楽《きどあいらく》を経験し、通り抜けてきた人は、神仏と心を通わせ、天地自然との一体感、万物への思いやりの情を深めます。人は人類として、そうした悟り、安心立命《あんしんりつめい》への希望を抱きながら、子孫繁栄と次世代の育成という最大最終の善の活動に、最後のエネルギーを集中させます。人生の最後の課題は、自分に可能な方法で、生命の永続とその目的に有益な任務を、実行していくことにあります。私たちは美しく老いる、さらには「麗老《れいろう》」という言葉に学び、麗《うるわ》しく老いるという目標を掲げて歩むことができるでしょう。

四、生と死を巡って

古来「生老病死《しょうろうびょうし》」という四苦《しく》の考えがあり、釈迦がこの苦の問題について考えたことは有名ですが、結局、私たちの人生は究極の課題、生と死についての問いに行き着くでしょう。

天寿《てんじゅ》を全うすることはだれしも願うところです。しかし、人は、しばしば平均寿命に達せず、それ以前に突如《とつじょ》として不治の病や思わぬ事故、戦死、殉職《じゅんしょく》などに出会うことがあります。人類の歴史や文化を見渡せば、人間は老いや病、死に直面して、次のような考え方のいずれかを選ぶようです。

①死にゆく運命を拒絶《きょぜつ》する

不治の病にかかるなどして、死が避けられないと分かれば、はじめは「どうして自分だけがこうなるのか」と、運命を呪《のろ》い、死にゆく定《さだ》めを受け入れることを拒否します。

②現世での自分の生命の延長を願う

気を取り直し、この世で少しでも長生きするようにと、病気や怪我を治療し、あらゆる手立てを尽くします。心を静かにして、治療を施し、節制に努め、清らかな生活を送り始めます。

③子孫の生存発展を願う

子供や孫などを残して、自分の生命を受け継いでもらいたいと念願します。

④価値ある業績の存続を願う

それも不確かなことであると分かって、仕事、作品、名誉を残そうとします。

⑤霊魂の永遠性を確信する

そうした業績の永続もむなしいことであると感じれば、自分の霊魂《れいこん》の永遠を思い、その霊魂が死後もこの宇宙に存続するか、極楽や天国に行くか、あるいはどこかの世界にまた生まれ更《か》わる、と信じる道があります。

⑥死後の生命は空無《くうむ》なりと悟る

あるいは、死後の魂や永遠の生命などは、人間が生命の延長を願うところから生まれる儚《はかな》い希望であり、無常のものを恒常《こうじょう》なるものと誤って認めることであり、それに悩むなどは意味のない幻想《げんそう》、妄《もう》想《そう》である、と考える立場もあります。

⑦人類生命の誕生と成長に対して奉仕する

自分の人生は、ロウソクのような存在であって、燃え尽きることを通してこそ周囲を輝かす、つまり次の世代や他の生命が生まれ育つのに奉仕する、という使命に気づきます。結局、確かなことは、「今、ここに」と心に決めて、今をよりよく生きることに全力を集中し、喜びを見いだして生きることしかない、と悟ります。こう決断して無心になり、毎日を最善に生きよう、と心を定めます。

人は、科学的に考えれば、個人としては、誕生によって善の元素[9]の受け取りを開始して、個としての生命を発現させ、死とともに個としての生命を終えます。そして死とともに、自分の心身の元素を宇宙自然に返し、地球上の「全体としての生命」の継承に貢献します。

人は結局、死という無常の風に出会うために生き続け、歩み続けるのだともいえましょう。生死観《しょうし》は十人十色《じゅうにんといろ》であり、文化によってもさまざまですが、生と死についての問いは不可避のものであって、人生の末期《まっき》まで途切《とぎ》れることなく訪れてくるものです。この問いかけに応《こた》えることは、人間として成熟する最終目標でしょう。

注① **アブラハム・マスロー** A.H. Maslow 一九〇八～一九七〇年。アメリカの心理学者、人間性心理学の創始者の一人。欲求五段階説で知られる。従来の心理学が苦痛からの逃避・欠乏の充足のような暗い側面を研究したのに対し、幸福や喜びの追求という明るい側面に光を当て、心理学や哲学等の幅広い分野に大きな影響を与えた。主著『人間性の心理学』『完全なる人間』。

② **ヴィクトール・フランクル** Viktor Emil Frankl 一九〇五～一九九七年。オーストリア生まれの精神医学者。実存分析（ロゴセラピー）を提唱。人間を「つねに人生の意味を求める存在」としてとらえた『意味への意志』の著書ほか、自らのアウシュヴィッツ強制収容所での極限体験をまとめた『夜と霧』は有名。

③ **祖先の数** 文中「二十代前までさかのぼれば、一〇四万人余りの祖先」とあるが、これは、時代をさかのぼるにつれて私たちの祖先は重なり合い、祖先を共有していた事実を物語っている。

④　**フランシス・ベーコン**　Francis Bacon　一五六一～一六二六年。イギリスの哲学者・政治家。近代科学思想の先駆者。正しい知識獲得の妨げとなる偏見や先入観をイドラ（偶像）と呼んで排し、科学には精密な観察と実験が必要であると説き、経験主義思想の発展のさきがけとなった。

⑤　**サミュエル・スマイルズ**　Sammuel Smiles　一八一二～一九〇四年。イギリスの著述家、思想家。「天はみずから助くるものを助く」の思想に貫かれた『自助論』や『品性論』を著《あらわ》し、誠実と独立不羈《ふき》の精神が人生の成功の道であるとして品性の重要性を訴えた。

⑥　**中村正直《まさなお》**　一八三二～一八九一年。明治前半期の啓蒙思想家。サミュエル・スマイルズの『自助論』（『西国立志編』）、J・S・ミルの『自由論』（『自由之理《ことわり》』）を邦訳刊行し、自主、自立、勤勉にみちた十九世紀ヨーロッパの新思想を紹介し、多くの青年に勇気と希望を与えた。

⑦　**迂回生産**　round-about production　直接に最終生産物を生産するのではなく、まず、そのための生産手段（用具や設備）をつくった後に、それを用いて最終目的である生産物をつくる方式。このほうが安定的、効率的であることが多い。

⑧　**人生の主要な課題**　人生の主要な課題や発達段階の考え方は、次の人々による。
エリクソン　E.H.Erikson　一九〇二～一九九四年。ドイツ生まれのアメリカの精神分析学者。ライフ・サイクル論を研究。
ハヴィガースト　R.J.Havighurst　一九〇〇～九一年。アメリカの教育学者で発達課題論の代表的提唱者。

⑨　**善の元素**　宇宙自然および人間社会から与えられている、生きるうえで不可欠な物質的要素（物質、物財、エネルギー等）と精神的要素（知識、情報、文化等）のこと。

第三章　道徳共同体をつくる

はじめに

　私たちは、個人として自立した存在であり、個性も多様であり、各人ごとに免疫反応があり、プライバシーがあります。しかし、個人は一人で生まれ、一人で死んでいくものであり、自立した存在であるといくら思っても、現実に生きていくうえでは、他の人々や集団に支えられています。

　人間は、自己を実現するには、相互に依存し、扶助《ふじょ》し、共同体をつくって、その中において生活するほかありません。すなわち、家族や職場、地域社会、国家などの共同体がそれです。人間の幸福は、共同体の善し悪しと、それへの私たちの関係の仕方に大きく左右されます。そうした共同体を成り立たせる原理及びその主な働きを理解することによって、私たちの人生は善化《ぜんか》し、前進することができます。

　グローバル時代には、世界の異なった文化や人々の交流がいっそう盛んとなり、だれもが隣人《りんじん》となり、人類愛を育てて地球共同体に近づきます。しかし、まずそれぞれの国民は、一人ひとりの人格を大切にして磨き上げ、家族と郷土と国家を堅固《けんご》にし、揺《ゆ》るぎないものにすることが前提です。

一、交響する生命と文化

（一）人間の個性と共同性

同じ一本の大木でも、その葉を一枚一枚細かく見れば、独特の美しさがあります。私たちは、一人ひとり異なった個別の存在なのであり、個性ある生命体です。とはいえ、人は、ただ一人孤立して生きているのではありません。人間は、自然界をはじめ、他の人々との交わりの中に交響《こうきょう》し合って生きています。

生まれてくるときも死んでいくときも、他の人々との関わりがあります。人は相互に依存し合い協同し共生する存在であって、相互に支え合わなければ、一日たりとも生存発達を全うすることはできません。一つ一つのいのちは、人類集団という一大オーケストラの中の一員です。

人の一生は、一面では生老病死にまつわる四苦八苦《しくはっく》があるといわれ、苦難の連続であり、人生は苦悩の旅ともいわれます。しかし、苦しみや悲しみ、悩みの多くは、自分一人の中からだけでなく、社会との関わりの中で、とりわけ他の人との交わりの中で生まれます。そして、苦しみや悲しみが癒《いや》されるのも、また人と人との交わりの中においてでしょう。楽しみや喜びは、他の人々と分かち合い、共感し合い、心と心が通い合うときにいっそう高まります。苦は人と分かち合えば、半分になります。また、人は一生成長できる可能性を秘め、希望を抱いて歩むべき存在でもあります。希望は人が元気に生きていくための原動力であり、希望もまた、何より人とのつながりの中から生まれます。

このように、人は必ず、つながりという共生の関係の中に生きているのであり、完全に孤立した個人というものは一人も実在しないのです。すなわち、人間は共同体の人間関係の中で、各人が分業と協業により、人間集団の生存発達という任務に応答し、そこに生きがいを見いだす存在です。そこで人類社会には、共同体のメンバーが、時として共同体のために自己の生命を犠牲として捧げる、という自己犠牲の道徳も発達してきたのです。私たちには、協同し共生する存在であることを深く自覚して、他の人々と交わって生活する以外に、幸福への道はありません。

（二）福祉とケアの考え

私たち人間は、成長、希望、喜びとともに、病気、障害、老衰といったいのちの宿命《しゅくめい》を背負ってこの世界に暮らしている生き物であり、そのために互いに励まし合い、助け合って生きていかなくてはなりません。

個として自立するということは、ただ他者から自分を切り離すことではありません。真の自立とは、むしろ、みずから他者との緊密な関係を築きあげていくことの中にこそ生まれてくるものです。自分の家族はもとよりのこと、友人、隣人、同朋《どうほう》、さらに異文化の人々とも心を通わせ、互いに敬意をもって助け合い、友情を深めることが、人間として生きるための土台であり、糧《かて》であるといえましょう。

今日、緊密な相互扶助の関係を築くことを「ケア」①（care）という言葉で言い表し、互いにケアし合う道を歩むことが、現代のグローバル社会②における生き方の潮流になってきました。ケアの心なくして安定した国際関係や経済関係を保持できないことを痛感し始めたことが、その背景にあるようです。

忘れてならないことは、ケアとは、決して一方的に強いものが弱いものを支援したり導いたりすることではないということです。豊かな側に立つものが弱者に対して金銭を与えたり、物を与えたりするだけの一方的な関係ではありません。ケアの関係とは、心が通い、感謝し励まし合う関係です。

赤ちゃんを育てる母親は、乳を飲ませるたびに、無力でか弱いはずの乳児の「いのち」に力づけられ、自身が生きることを励まされ、支援されていると実感します。障害者を支援するボランティア活動にあっても、どちらが励まされているのか、しだいに分からなくなるくらい、互いに強い影響を受け合い、与え合います。

ケアという言葉を辞書で見ると、最初の意味は「苦痛、負担」とあって、その次に「支援、介助、配慮」の意味が出てきます。ケアとは他者の苦を共に背負うことを意味しているといえます。すなわち、共苦共歓《きょうくきょうかん》の姿勢です。相手の苦しみを解決することがケアの目標にはちがいありませんが、技術や技法で問題解決して自己のもつ力を発揮することは、重要ではないのです。

対人関係で求められることは、まず相手を尊敬して理解し受容するという姿勢です。親族が近くに住んでいたふるさとが壊れつつある今日、「遠い親戚より近くの他人」といわれるように、地域の相互扶助、隣近所《となりきんじょ》と仲よくすることがますます重要になります。

(三)　私欲と社会改善

人の一生では、乳幼児のときにケアを受け、老齢時に再びケアを受けます。途中にも、障害や病気の際にはケアに支えられます。他者をケアすることも、されることも、人間の一生の務めであり、面倒だから他者のことに手を出さないようにしよう、という自分中心の生き方は、喜びを深めるせっかくの機会を失わせ、人生の意味を貧しくさせることになります。

私たち人間の生きがいの泉は、生涯にわたって他者に奉仕し、国に奉仕し、国家間の平和的共生に向けて奉仕することでしょう。生涯にわたって自分だけのことをしていて生き終わることのできる人は、だれ一人としてこの世界には存在しません。仕事に精《せい》を出すことも勉強することも、家庭を営み育児をすることも、すべて他者のために生きることです。人間は、他者をケアし、他者からケアされてはじめて生きることができるのです。ケアの営みは、人間存在が孤立しているから行うのではありません。それは、私たちが本質において協同し、共生したいと欲する存在である事実を物語っています。

現代の先進諸国においては、物質や情報の豊かさは実現されましたが、その豊かさの中で、生きる意味の揺らぎや喪失《そうしつ》、紛争、犯罪が増加してきました。また、人類は、自由の名のもとに私欲としての欲望を解放しました。ところが、その欲望は衝動に駆《か》られて肥大化《ひだいか》し、ますます物を欲しがり、休息ということを忘れ、生活が必要以上に多忙になってきました。互いの欲望追求による争いも絶えません。この私欲追求の衝動は、各人の心を過度に強迫することになり、人間性を歪《ゆが》める結果につながっています。

なお、人類社会には、男性と女性という性の違いをもとにした性差の問題があります。就職や職務や昇給、あるいは教育などでは、男性と女性を不当に差別することは問題です。しかし、生活上の習慣や宗教上のしきたりについては、世界一律に改定の基準を定めて適用するというわけにはいかないでしょう。文化や社会慣習の中には、人々の精神の土台をなす歴史や価値観が込められていますから、秩序や安定を尊重することが極めて重要です。合意を得て改革を進めるにも、慎重に時間をかけることが求められるでしょう。

社会の物事の改善には、円満に緩急《かんきゅう》を見計《みはか》らう知恵が必要であり、時において場合に応じて、迅速《じんそく》・確実・典雅《てんが》・安全という気配りが必要です。「衆心合《がっ》せざれば形を造らず」ともいえます。物事の改革には、関わりある人々の心が和合し、協力することが前提となります。各界のリーダーや代表の任務は、そのように「衆の心」を開発し善導することにあります。

二、相互扶助と公共精神

（一）黄金律の進化と三方善

人類社会のさまざまな失敗の根本原因は、人間精神への深い反省と改善を放置し、私欲の追求を放任していることにあります。

私たちはしばしば、私欲に没頭することから抜け出るための指針として、「相手の立場に立ちなさい」と教えられてきました。自分だけの立場に立つ「一方善し」よ《よ》りは、確かに一歩前進しています。しかし、それではまだ不完全で、「二方善し」なのです。これまで理想的な社会とは、いわば黄金律《おうごんりつ》③が行きわたっている社会と考えられてきました。

古くからの黄金律では、次のように述べています。

汝《なんじ》が他の人々からしてほしいと欲するところを他に施《ほどこ》しなさい。（『新約聖書』マタイによる福音《ふくいん》書《しょ》七章十二節、ルカによる福音書六章三十一節）

己《おの》れの欲せざるところを他に施すことなかれ。（『論語』顔淵第十二、衞靈公第十五）

しかしながら、人類社会の現実を見れば、黄金律は容易に実行されることがありません。その大きな理由の一つは、「欲するところ」は人によって異なるため、私の「欲するところ」が必ずしも相手や社会の「欲するところ」とならない場合がしばしばあるからです。互いの考えをよく確かめ合い、十分説明し、互いに納得し合ったうえで働きかける気配りが大切であり、医療倫理にいう「インフォームド・コンセント」[4]が求められる理由もそこにあります。

今までの黄金律では、自分と相手という個人と個人との間の、直接の関係しか視野に入れていませんが、第三者の利害もできる限り考えに入れる必要があります。これは一方、二方にとどまらず、「三方善《さんぽうぜん》（三方善し）[5]」の立場といえるでしょう。

昔から「売って喜び買って喜ぶ」という商業道徳があります。これは極めて大事なことですが、えてして売る人と買う人だけの二方の善にとどまり、外部の第三者や社会は無視されることが多いのです。人類は、個人の人生においても、会社や国家などの組織においても、自己一方の利益、あるいは自己と相手方の二方の利益のみを追求する利己主義を改め、その利己主義に走る競争を賢く導いて、人類の共生へと進まなければなりません。

（二）民主主義の改善

現代における人類社会の理念は、これまでに取り上げた個人主義、自由主義のほかに、民主主義を加えた三つの主義にあるといってよいでしょう。民主主義は、その精神を十分生かすように努めれば、公正な三方善の社会を実現するうえで有効な原理となり、方法ともなります。

民主主義の根本は、人間を見る価値観を表しています。社会の構成員すべての人の価値を等しいと認める思想であり、かつ、それにもとづく社会の制度を指します。民主主義は、元来、ギリシア語でデモスクラチアというように、大衆（デモス）が政治の権力を握り、政治を行うというものでした。明治維新のときに明治天皇が発した「五箇条《ごかじょう》の御誓文《ごせいもん》」に謳《うた》われる「万機公論《ばんきこうろん》に決す」も同じ趣旨であり、社会の意思決定の原理と方式を示すものです。

民主主義は、リンカーン⑥が述べたように「人民の、人民による、人民のための政治」といえますが、社会の仲間は個人としてだれでも自由であり、平等な価値をもっているという人間観を基礎にしています。そして「民《たみ》の声は天の声」として、社会全体の方向性を決める場合に、全員が参加して決定するという原理を採用します。

しかし、この全員参加の決定方式は、現実には不可能です。ですから、代表というものを選んで、その代表に選択を任せるという結果になります。民主主義は、全員参加を力説するとともに、代表制を採用し、決断力ある強いリーダーを求めます。

古来、歴史の経験からみて、人間集団をまとめる政治の制度には完璧《かんぺき》なものは存在せず、民主主義を善用するも悪用するも、人々の品性しだいでしょう。その品性とは、何が節度ある個人の利益追求であるか、公共の利益とは何か、各人はいかにすれば公共の利益に貢献できるかを賢明に見通す能力です。民主主義が良好に働くには、国民は次のような人間へと成長する必要がありましょう。

①国民一人ひとりが人格、品性を高め、付和雷同《ふわらいどう》せず、決めるべき課題を沈着冷静によくわきまえて選択する。

②代表に何を委任するか、選択する事項を少なく限定し、代表を選ぶにあたっては、委任するに足る人格、品性を備えた人物をふだんから育てる。

③また、各自は民間人として、政府行政が何もかも行わなくてよいように、信頼できる職業人や社会人になる。

④国民は、有能な納税者となり、十分な納税を行うとともに、国家自治体の立法と行政と司法に参画し、監視の目をもつ。

現代の民主主義は、英国のチャーチル⑦が述べているように、「民主主義は最悪の政治制度であるが、しかし、今まで存在したいかなる政治制度よりもマシである」とされるものです。民主主義は、万能ではなく、右のような国民の品性しだいで、成功するか失敗するかが決まるものです。

(三) 言葉がつむぐ共生の感覚

私たち人間は、野菜や肉のような生命的な食べ物、金属や電気のような非生命的な食べ物とともに、情報という食べ物を摂取《せっしゅ》して生きています。その情報はさまざまな言葉に乗せて伝えられます。昔から人間の生き方の選択には、名言や格言のような言葉が重要な働きをしてきたのは、そのためです。古来、「初めに言葉ありき」⑧（ヨハネによる福音書の冒頭）といわれるのには深い意味があります。

人間の子供がこの世に生まれるときには、大人たちが語り伝えているおびただしい数の言葉の宇宙の中に生まれ出ることになります。その言葉の宇宙は、家族、地域社会、国家、そして地球社会というように、階層と広がりをもち、それぞれ少しずつ異なった種類の言葉から成り立ちます。

それぞれの家族や親族は、それぞれ個性ある言葉の歴史をもっていて、親密な心の通い合いを楽しんでいるものです。家族の中の団欒《だんらん》、夫婦の会話、子育て、おじいさんやおばあさん、親戚《しんせき》の人々との会話は、家族共有の言葉によって行われます。

地域社会は、家の門から出て、学校、遊び、買い物、地域行事というような「暮らしの言葉」が言葉の共同体をつくっています。歴史と風土を基礎に成り立つ方言は、私たちの心の中に地域の文化や個性を植えつけて、いのちを癒《いや》し安定をもたらす層をつくります。先祖代々の教えや地域の文化は、この家族の言葉と地域の言葉を乗り物にして子孫へと伝承されます。

同時に、私たちは、学校の標準的な国語教育と、新聞やラジオ、テレビのような全国的なマスコミを通じて、国家国民の言葉、すなわち国語というものを身につけます。国語という文化装置を抜きにしては、国民という人間集団はまとまりません。国語をおろそかにする国家と国民は、伝統を断ち、心の団結を失って、精神が内部から崩《くず》れていきます。

国語には、その国の歴史と文化の主軸《しゅじく》となる中心層というものがあります。例えば、建国の神話、国歌、民族の歴史文学、産業や芸術の言葉がそれです。日本であれば、まず『古事記』[9]、『日本書紀』[10]、『万葉集』の言葉があります。各地の『風土記《ふどき》』[11]もあり、各時代の軍記物もあります。『源氏物語』や『平家物語』のような文学もあります。これらは、国民精神の特質を表現します。

例えば、『古事記』は物語を次のように語り始めます。

　天地《あめつち》初めて発《おこ》りし時、高天《たかま》の原《はら》に成りませる神の名は、天御中主神《あめのみなかぬしのかみ》。次に高御産巣日神《たかみむすびのかみ》。次に神産巣日神《かみむすびのかみ》。

こうして始まる天地開闢《かいびゃく》の物語とそれに込められた思想が、日本国家と諸々の物事の生成発展を言《こと》祝《ほ》ぐことになるのでした。一方、時代を下って、例えば『平家物語』は、仏教哲学から、諸々の存在の無常なる様《さま》を歴史として描き、人間の生き方や道徳が、生成と無常との観点から、たんたんと物語られるのでした。

日本では、建国神話以来、連綿《れんめん》と受け継がれた「国語」において、その中心層が柔剛双方《じゅうごうそうほう》の力を備えていて揺るぎませんでした。この伝統的中心層を堅持《けんじ》しながら、国民の言葉を豊かに発展させることこそが、国民の倫理道徳の生命力において、忘却してはならない点です。古い言葉を語る古い世代を軽蔑《けいべつ》し、古い時代や古い教養を軽視する人や国民は、歴史を失い、さまよえる民となるでしょう。

現代は、人々が地球規模で交流する時代です。外来語と外来思想とが、各国とも国語の言語宇宙に入り込んでいます。それだけに、外来語に対して過剰に排他的とならず、しかし外来語の摂取《せっしゅ》によって、国語の中心層を破壊しないようにする、という態度で国語学習に努めたいものです。

三、人類社会の基礎共同体

（一）家族共同体への愛

家庭は、本来、人類社会のもっとも基礎的な共生の空間です。それは、子供を生み、成人まで保護して社会の役に立つ人間へと育成する場所であって、家族はこの場所で生活を共同にする集団です。

①家族の危機

しかし、現代社会は家族危機の時代であり、大家族を崩壊させて小さな核家族につくり変え、家族から生産の働きを切り離して、生殖・養育と消費だけを残しました。この流れの中で、家族を不要なものとみなしたり、否定したりする極端な思想も生まれています。祖先の霊《れい》を否定し、それを崇拝《すうはい》することが自己の信仰と相容《あいい》れないと考える人も増えています。しかし、古来の世界宗教をはじめ、人間愛について説くあらゆる優《すぐ》れた思想は、例外なく、先祖代々、家族の中に養われた夫婦愛、親子愛を原点に置いています。

家庭と家族は、人間の心と体のふるさとです。健全な家族共同体を築き、維持することは、日々の安心と喜びの人生にとってかけがえのない土台です。家族は、人類社会における愛の共同体の原型であり、この原型を堅持することが、道徳性豊かな人間を育てる根本となります。

家庭は本来人間教育の温床《おんしょう》です。その温床が肥沃《ひよく》でなければ、子供たちに非行、不適応、逸脱《いつだつ》行動などのさまざまな病理が発生します。家庭は、父性と母性を養い、祖先の霊を崇《あが》める祭祀《さいし》などを通じて世代をこえたいのちのつながりの精神を受け継ぎ、子どもの養育に生かす場です。家族は、精神の安定をもたらすもっとも基本的な共同体といえるでしょう。

②隣人愛の原点

東アジアには、「孝《こう》は百行《ひゃっこう》の本《もと》」⑫という孝の思想があります。

孝は徳の本なり、教《おし》えの由《よ》って生《しょう》ずる所なり。（『孝経』開宗明義章第一）

古い封建道徳の言葉にすぎないとして、これを棄《す》て去る人もあるでしょうが、しかし、それは大いなるまちがいでしょう。親祖先への孝行は、育児と対応して、世界宗教にいう「隣人愛」や「慈悲」の根源だからです。

イエスは「神がわれらを愛したもうたごとくに、自己と隣人を愛しなさい」と教えました。隣人とはいったいだれのことでしょうか。もちろん、道端で行き倒れになっている人も隣人です。病院の待合室や駅のホームで会う人も隣人です。遠い外国で震災に会っている人々も隣人です。

しかし、その前に、私たちには、生まれ落ちてからひと時も離れられない隣人が存在します。それが家族であり、特に親祖先がそれです。親祖先は私たちと遺伝子を通じてつながり、家族は、子供のときからの養育を通じて文化的にも結びつき、生涯、切っても切れない縁で結ばれていて、すでにはじめから愛の対象となる隣人であるのです。

③家族は生命継承の原点

人類は、生命の連続、継承の決定的な重要さというものを、洋の東西、時の古今を問わず強調してきています。東アジアでは特に家族生活の中での親祖先への尊敬と子供の育成について、次のように表現しています。

樹《き》静《しず》まらんと欲《ほっ》すれども風止《や》まず
　子養わんと欲すれども親待たず　（『韓詩外伝』）

白銀《しろがね》も金《くがね》も玉《たま》も何《なに》せむに
　まされる宝　子にしかめやも　（山上憶良《やまのうえのおくら》『万葉集』）

高齢化し、少子化の時代となっても、これはなおすばらしい真理への着眼といえます。家族の内部でこのように隣人愛を訓練しておけば、玄関の外に出ても誤りなく隣人愛が実行できることでしょう。

（二）郷土愛の新生

①人間の成長とふるさと

二十一世紀を迎え、今、世界各国では、都会でも農村でも、昔から続いた地域共同体というものが消え去ろうとしています。その結果、激しい変動が人々の暮らしの根を引き抜いて浮き草にし、その人々の生活と精神を言い知れぬ不安に浸《ひた》しています。会社での仕事、定年後の高齢者としての生活、老若男女《ろうにゃくなんにょ》の家族生活、子供の学校生活、隣近所での地域生活がことごとく揺れ動いています。さらに国家においても、国民同胞の心に亀裂《きれつ》が走って、国民として同胞《どうほう》としてまとまりをもって何かをするという精神は、もはや消滅寸前です。

家族・家庭は、地域社会の中に息づき、子供たちは地域の相互扶助に守られて育ちました。従来、子供たちはみな、各々、自分の家庭に迎えられ、そこには平和であたたかい家族の憩《いこ》いの時がありました。

しかし、きれいな小川の流れるふるさとは、もうどこにもなくなりつつあります。小川は黒く濁ったどぶ川となり、あまつさえコンクリートで蓋《ふた》をされました。魚は見るだけのものとなり、それには水族館に行くしかありません。わずかに残る里山の森も、切り倒されて住宅に様変わりです。買い物は、車で遠くのショッピングセンターへと出かけます。

家庭では、子供はテレビゲームと携帯電話のメールに熱中し、お年寄りは遠くの田舎《いなか》で老後を過ごし、あるいは都会でも別の家に別れて住んでいます。子供はお年寄りを知らず、お年寄りは孫を知らず、家庭はホテルのように孤立化した部屋があるだけの場所です。子供たちは、学校から戻ってすぐに塾に飛んで行きます。あるいは、大都会の盛り場まで出かけ、ネオンの光に照らされ、夜遅くまで歩き回っています。

②家庭をひらく

家族への愛は、地域共同体へと広がらなければ、閉鎖的・排他的となり、その本来の目的は達成されません。子供たちは何よりも家庭で育成されるのですが、子供たちのエネルギーは、狭い家庭を飛び越えて地域へと広がりますから、安全で健全な遊び場を必要とします。親たちもまた、子供を通じて地域社会と連携し、青少年の健全育成の場を確保する必要があります。

今日の日本の地域社会では、人と人とのつながりが多く断ち切られてしまいました。かつては、自分の子であろうと他人の子であろうと、悪いことをすれば大人たちは必ず思いやりの心で注意するとか、危険がないか見守るとか、無言のうちに地域共同体で育まれた連帯感と教育力がありました。これが今、空洞化《くうどうか》してしまったのです。

そこでは、一人暮らしの老人の安全も、幼い子供を抱えた母親の不安も、容易に解消されることがありません。福祉の分野では、老人や病人を抱える家庭、育児の支援活動などがしだいに高まりを見せている地域も増加してはきましたが、連帯感のない地域は、犯罪発生率も高く、安心な暮らしが損なわれています。

基本的な解決策は、隣人同士のつながりの回復以外にありません。他者と共に安全に暮らすという意識を培《つちか》い、対話を重ねること、郷土の歴史に関心をもち、防犯や祭りなど地域行事を通じて人々が相互扶助することです。こうした地道な努力によってはじめて、安心した暮らしを守ることが可能となります。それは、まず隣人への朝夕の挨拶や声かけ運動から始めることができます。

こうした当然の行為は、郷土愛とかけ離れているように見えますが、地域への奉仕を積み重ねると、実際に多くの人々と顔見知りになり、物事を見る視野も広がり、子供たちの健全育成にもつながっていきます。

この郷土愛は、閉鎖的な地域エゴにつながりやすい点に注意を要します。自分の町内だけをよしとする考えではなく、身近な地域を取り巻くさらに大きな地域へと関心を拡大することです。

③近隣のネットワークづくり

今日の都会風の生活では、密集した住宅空間とか、特にマンションと呼ばれるような集合住宅などで、「コミュニティ」づくりが課題となるでしょう。そこには騒音、ペットの問題、ゴミの出し方、ベランダの利用方法など、隣近所とのトラブルが集中的に現れます。そういうときには、住民が話し合いをもち、皆が納得できる最小限のルールをつくるとともに、紛争の当事者があたたかい心で直接話し合うことが効果的でしょう。

お互いに思いやりの心があれば、問題がこじれることは大いに減ることでしょう。こうした試みは、つねに新たな社会づくりでありコミュニティ創造の営みです。日本人は襖《ふすま》一枚、衝立《ついたて》一つで自分の空間と他人の空間を仕切り、お互いのプライバシーを守る心がけを発達させてきました。人類の暮らし方は絶えず変化しますが、その変化を進化へと促進させねばなりません。歴史に学びつつ未来をひらくようにしたいものです。

人間は、相互扶助の共同体なしに生きることはできません。しかし、もはや、昔からあったような共同体を復活することは困難でしょう。いかにして新しい共同体、新しいつながりを創造するか、進んで工夫をこらしたいものです。

（三）郷土愛から祖国愛へ

現代の人類世界では、国家はもっとも包括《ほうかつ》的な共同体です。地球共同体や世界国家といった構想も語られますが、それはいまだ成熟していません。精神・文化・言語の統一を図り、家庭生活や企業活動、地域共同体など、すべての人々の生活を支える共生の組織は、国家にほかなりません。

国家は、国民、領域（領土・領海・領空）及び主権という要素から成り立っていて、主権のもとで生活の領域を共にする国民の生活共同体であり、歴史と文化を共有する精神共同体でもあります。元来、国家というものは、それに属する国民が運命を共にするという「運命共同体」の理想をもとにしています。

人類社会には、人間の集団をまとめるさまざまな組織がありますが、その中で国家という組織は、いろいろな思想と利害を帯びる人々が、時に対立を内にはらみながらも「共に生きる集団」です。国家は、その領域内部に住む国民に対し、自由と安全を保障し、よりよく生きることを保障する組織であり、そのために次のような強制的な義務を賦課《ふか》する権力をもった組織でもあります。

①犯罪者を裁判し処罰する権力を独占的に有し、国家及び地方自治を委任された公的機関（地方自治体）のみが刑罰を課すことができます。

②外国からの侵略に対抗し国防を行い、そのために国民に兵役の義務を課し、兵士にいのちを懸《か》けることを求める権力を保持します。

③国民は、能力のある人であれば労働の義務を負い、子供の保護者は子供に教育を受けさせる義務

を負い、納税の義務も負います。国家は権力をもって、国民にこれらの義務を課し、義務の遂行を強制します。

④こうした強制と義務の賦課が、国民という人間集団をまとめる枠組みと倫理であり、国家の国家たるゆえんです。しかしその反面、国家は、国民の幸せを求める努力を保障し、そのために国民各自に自由と公正を保障しなければなりません。

国民の生存と自由を保障するために、一定の強制力を保持するのが国家という団体組織です。このような国家には、国民を統合する働きを象徴する人格（者）が必要であり、日本では歴史上、天皇と皇室がその任を負ってきました。昔の朝廷、今の政府は、その国家の働きを担い、象徴的な人格（者）を中心として、国民の共同生活を支える国家機関です。

日本の国歌「君が代」は、そのような象徴である天皇と国家共同体に対する愛を歌うものでした。

わが君（君が代）は　千代に八千代にさざれ石の
巌《いわお》となりて苔《こけ》のむすまで　（『古今和歌集』）

この和歌の作者は、平安時代の文徳《もんとく》天皇の御世《みよ》の人でした。国民が国家においてまとまるには、それなりの共生の感情が熟成《じゅくせい》する必要があるのです。

国家のもっとも重要な役割は、国民の幸福の基礎を確保することです。すなわち、国民の生命、自由、財産を保護することです。国家には、正義の擁護《ようご》を目的として、外国からの侵略を防止する国防と国内秩序を維持する治安、国民の福利を増進する責務とがあります。

そして、個人は、地球上で、どこかの国家に所属し、その国籍を保有することなくしては、永く生存することさえ危ういでしょう。例えば、日本のパスポートには、自国民の安全と保護を相手国に要請する言葉が記されています。

日本国民である本旅券の所持人を通路故障なく旅行させ、かつ、同人に必要な保護扶助を与えられるよう、関係の諸官に要請する。

日本国外務大臣

国家は道徳の共生体です。道徳の共生体というのは、競争と援助との両面からなる相互扶助の共同体のことです。その相互扶助には三つの段階があります。それは「自助《じじょ》」「共助《きょうじょ》」「公助《こうじょ》」⑬と呼ばれる三段階です。

国家の中で国民同士が公的機関を通じて行う相互扶助は公助であり、共助とは、その中で特定の部分集団の行う相互扶助であり、個人の所属する団体や組織、地域社会での相互扶助です。

自助は、私たちが自分自身で自分の生活を支える「セルフヘルプ」（自分で自分を助けること）です。自分で対応できる個人的な課題はみずから解決することです。勤勉に働き、老後の生活や医療のための資金を自分自身で用立てるのは自助です。

どんな社会にも、必ずこのように、最小単位として個人の人格を尊重し、個人にできないことは家族が、家族ができないことは他の共同体が、その共同体ができないことは国家共同体が受けもつという三つの種類の扶助が存在しており、各々が調和することによって、住みやすく安心な社会がつくられます。

四、祖国愛と人類愛

人間はだれしも愛という感情を秘めています。すべて愛とは、「自分が対象と一体になりたい」という人間の自然な姿です。私たちは、自分個人には自己愛、家族には家族愛、郷土には郷土愛を抱きますが、これらはまことに自然な感情でしょう。これら全体を包み込んで、国家に対しては祖国愛あるいは愛国心と呼ばれる感情が存在します。こうした祖国への愛情は、元来、情感的な性質のものであり、共同生活に根ざす同胞意識が生み出す感情です。

例えば、遠い祖先以来、建国物語を共有してきたとか、民族を同じくする同胞であるとか、あるいは異民族ではあるけれども長年同じところに一緒に暮らしてきたなどがそれです。国家への愛は、世界の中で国家を人間集団の基本単位と思い、国家団体の権利、利害、歴史、そして文化の価値を誇り称《たた》える感情であり、人間性の発露《はつろ》といえるでしょう。

ただし、祖国愛には、積極的、消極的二つの側面があります。積極的な側面は、国民の善を高める、という面です。すなわち、まず国民は、地球上で国家という団体組織を形成し、人類社会から一定の陸、海、空という領域を預かります。そして、その預かった領域を神聖なものとして尊重し、健全な方法で開発し、自分たち国民の利益のために活用します。その活用を通じて地球社会全体の善の一部分を増加することになるわけです。世界人類は、国家、国民ごとに分かれて、このような分業を行い、また協業して地球人類全体の善を増加していくわけです。

日本には、「一隅《いちぐう》を照《て》らす」⑭（最澄《さいちょう》）という仏教における先人の有名な言葉がありますが、国家への愛とは、地球上で国民が預かった、自国の範囲つまり「一隅」を善化し、美化すること、これがすなわち国家を愛することです。これは、宇宙・地球の一部としての自己を尊重する、自己を拝むという精神です。

他方、祖国を愛するには消極的な面から考え、行動することも求められます。まず、祖国を侵略から守る国防・安全保障が不可欠です。自国を守ることに努力しない国家国民集団は、世界史が物語るように、悪意の諸外国から踏みにじられるでしょう。

祖国愛の一方の極限は、祖国防衛という公共善のために、自己のいのちを犠牲として捧げることにあります。そして、祖国防衛に犠牲となった人々に対しては、国民は篤《あつ》い崇拝の念を込めた祭祀《さいし》を捧げることになります。いのちを犠牲にした人々に誠《まこと》を捧げない国民は冷たい心のもち主であり、そういう人々が数を増せば、国民集団のエネルギーは分裂し、渇《か》れてしまうでしょう。そして、日常生活では、国民は、自分の仕事を通じて祖国を愛するのです。この国家への愛は、真の自己愛の発展として位置づけることができます。

祖国愛、愛国心は非常に強力な感情であるがゆえに、しばしば他国民の祖国愛と衝突するように働き、脱線していく危険性を秘めています。私たちは、他国の正当な国家愛と公平に共存するよう、国家への愛を調整し、人類愛へと前進させる必要があります。

国を愛するという問題は複雑なようですが、実は極めて分かりやすいことです。その基本は自己愛にあります。私たちの心は、自己愛を拡大して家族愛へ、家族愛を拡大して郷土愛へ、郷土愛を拡大して祖国愛へ、祖国愛を拡大して人類愛へ、というように徐々に広がっていくしかありません。

私たちは、宇宙の中の一点である自己自身がかわいいという事実から、自己を生み育て肉親を育てる家族への愛が無理なく続きます。次に、過去の歴史においては、村や町という形で相互扶助が行われて郷土愛は明確であったのですが、今日では、学校教育と治安と福祉とが地域郷土の絆《きずな》にあたるでしょう。そして祖国愛は、主に国民の安全欲求の充足、安全保障的な意味から生まれます。

人類愛は、いきなり人類集団の全員に対してというより、現実に自分が接している人間同士としての関わり合いから育つものです。国籍は違っても、学校の同窓生、職場や取引の関係者、近所づきあいやボランティアの仲間などがそれです。すべての愛は、出発点は自己愛にあり、「宇宙の中の一点である自己を愛し、大切にする」という感情から自然に育つ感情です。

そして、私たちには、祖国への愛をこえた人類愛という感情を絶えず学び、国際援助、国際協力を進め、地球規模の善を増加させることが要請されます。地球には有限な資源しか与えられていないことを知り、各国は平和な方法で貿易を行い、資源を開発し、譲り合い、分かち合うことが必要です。地球環境という公共財を保全し、そして、人種的・民族的偏見《へんけん》を克服し、文化の多様性を認め、楽しむべきです。

明治天皇は、次のような世界平和の精神を詠《よ》まれました。

よもの海みなはらからと思ふ世に
　など波風の立ちさわぐらむ　（日露戦争直前）
はらからのむつびをなしてまじはらば
　とつくに人もへだてざるらむ　（日露戦争中）

人類社会は交通及び情報通信の革命とともに、異なる文化が出会うグローバル時代に突入しています。しかし無国籍主義に走り、国家間でいたずらに急激な人口移動を自由化することは、不幸な文化摩擦を引き起こします。各国の国民は、政治的に迫害されるなど特別な場合を除いて、まず、自分の生まれた郷土と祖国を大切にして、祖国にとどまり、祖国の発展を図り、祖国に住まうという大原則をしっかりと維持することが大切です。したがって、国際支援とは、各国民がその国を愛することができるように祖国の自立を扶助することにあるのです。

注①　ケア　care　注意、心配、気がかりなどのほか、現在では、世話、看護、養護、介護、介助の意味で用いられる。ケアについては、一九八〇年代に倫理道徳の考え方が男性中心のものであることへの反省が始まり、次いで末期がん患者などに対する医療と福祉、高齢者への介護と扶助のあり方への反省も加わり、さらに今日ではより広く相互扶助の視点で考えるところへと拡大している。（水野治太郎『ケアの人間学』ゆみる出版、広井良典『ケア学』医学書院）

②**グローバル社会**　グローバルとは、①世界的な、地球規模の　②全体的な、包括的な、等の意味。グローバル社会とは「人・モノ・情報が国境を越えて活発に移動し、交流する社会」。人やモノが活発に移動し、交流が行われることは、新しいものに容易に触れられたり、異質の文化との交流で新しいものが生まれるなどよい面もある反面、文化を画一化させることが危惧《きぐ》されている。

③**黄金律**　道徳上で普遍の真理とされるもの。世界の主要宗教の道徳的規範に共通すると考えられている。

④**インフォームド・コンセント**　informed consent　医療や治療の世界で、医師から必要かつ十分な説明を受けたうえで患者が与える同意、また同意にもとづいた治療。医療において患者の人権を尊重する考え方として世界に普及している。

⑤**三方善**（**三方善し**）　自分と相手という直接の当事者が便益を得るだけでなく、周囲の人々や社会にとってもよい結果が得られること。三方善を考慮した考え方や行動が、人々の幸福や社会の持続的発展を可能にするという意味で、倫理道徳上の根幹となるべき指針。

⑥**リンカーン**　Abraham Lincoln　一八〇九～一八六五年。アメリカ合衆国第十六代大統領。南北戦争という危機と激動の時代を乗り切る。南北戦争中に行われた「ゲティスバーグの演説」は、アメリカ独立宣言、合衆国憲法と並んで、アメリカ史上、特別な位置を占める演説として有名。

⑦**チャーチル**　Winston Leonard Spencer Churchill　一八七四～一九六五年。イギリス首相。第二次世界大戦時のイギリス首相として大きな指導力を発揮《はっき》、連合国を勝利に導く。

⑧**初めに言葉ありき**　『新約聖書』の「ヨハネによる福音書」冒頭の言葉。混沌（カオス）の世界から、秩

序あるもの、意味あるもの、いのちあるものが生まれてくるのは、神の言葉（ロゴス）の力によること、つまり、世界が神の意志にもとづく秩序で創造され、支配されていることを述べたもの。

⑨　**古事記**　日本の歴史書。七一二（和銅五）年、稗田阿礼《ひえだのあれ》が暗唱した帝紀《ていき》（天皇の系譜、年代記）と旧辞《きゅうじ》（伝承されていた神話、伝説など）を太安万侶《おおのやすまろ》が撰録。天皇を中心とする日本国家の統一の由来を記す。

⑩　**日本書紀**　七二〇（養老四）年、舎人《とねり》親王の主裁のもとに完成した日本最初の勅撰《ちょくせん》史書。六国史《りっこくし》の一つ。神代《じんだい》から持統天皇まで朝廷に伝わる神話・伝説・記録などを漢文で記述。

⑪　**風土記**　七一三（和銅六）年、元明天皇の命によって、それぞれの地方ごとに、地名の由来、地勢、風土・産物、伝説、文化その他の情勢を記して朝廷にさし出した記録。

⑫　**孝は百行の本**　孝行はすべての善行、徳行の基本であり、はじめであり、身近な親に孝行できないものが他人に善行を施すことはできない、ということを物語る。

⑬　**自助・共助・公助**　行政学や公共哲学から生まれた概念。自助は、問題発生の原因と解決の責任が自分にある事柄について、自分の力と責任で問題解決にあたること。共助は、自分だけでは解決することや実施することが困難なことについて、周囲や地域の人々、あるいは民間団体が協力して行うこと。公助は、自助・共助では解決できないことについて、公的機関が行うこと。

⑭　**一隅を照らす**　天台宗を開いた最澄（伝教大師）の言葉とされる。「社会の片隅でよい、自分の本分を尽くして世のためを図る人となれ」と、すべての人がその持ち前において悟りをひらくことができるという一乗《いちじょう》思想の表明。

第四章　普通道徳から最高道徳へ

はじめに

私たち人類は、よりよい生き方のために善悪の標準を求めます。考え方や行動により確かな指針を示し、個人の心と社会の中に調和、安定、秩序、平和を実現しようとするからです。

しかし、善悪の標準を定め、心を根本的に改善する道を求める営みは、古いものを棄《す》てて新しいものを創《つく》るという方向ばかりではありません。古来、人の歩むべき王道について幾多《いくた》の先人の教説が存在します。私たちはこの王道について少しは知っているとしても、十分に心に留《と》めることがないため、その力と効能を十分に学んでいないのです。王道は、すなわち世界諸聖人の道徳です。

人類史には古代に「人類の教師」と称《たた》えられる諸聖人が出現し、最高道徳という質の高い倫理道徳を開示《かいじ》しました。その核心は「幸福を得んとすれば、まず人間としての品性を向上せよ」ということにあります。世界諸聖人の教えは、救いを含め、人生の意味を実現するためのもっとも体系的な説明であり、もっとも有効な実践道徳です。飛躍のための後退は前進のための常道《じょうどう》であり、未来創造の源泉は、温故知新《おんこちしん》、歴史からの学習にあります。

一、倫理道徳の進化

（一）伝統的な道徳に見る知恵

人類の歴史とともに発達してきた倫理道徳は、日常生活に有益な知恵の宝庫です。日本では、歌留《かる》多《た》や百人一首、道歌《どうか》、俳諧《はいかい》、詩《うた》などに、人生の教訓、人生の味わいが込められ表現されています。それらの由来を尋ねれば、外国の古典から引いたものも多く含まれています。そういうものが文化として、先人から私たちの心に受け継がれているのです。その中から例を挙げてみましょう。

・無常
・行《ゆ》く河《かわ》の流れは絶《た》えずして
　しかももとの水にあらず（鴨長明《かものちょうめい》『方丈記《ほうじょうき》』）
・行雲流水《こううんりゅうすい》
・人間万事　塞翁《さいおう》が馬（中国古典）
・利は元《もと》にあり（商業の教訓）
・百八煩悩《ひゃくはちぼんのう》（仏教）
・四苦八苦（仏教）
・恥を知れ

・陰陽一体
・色即是空　空即是色
・もののあはれ（本居宣長《もとおりのりなが》）
・果報《かほう》は寝て待て
・人事を尽くして天命を待つ
・稼《かせ》ぐに追いつく貧乏なし
・怠け者の節句《せっく》働《ばたら》き
・李下《りか》に冠《かんむり》を正《ただ》さず（中国の言葉）
・転ばぬ先の杖

・石橋を叩いて渡る
・深謀遠慮《しんぼうえんりょ》
・正直の頭《こうべ》に神宿る
・敬天愛人《けいてんあいじん》（西郷隆盛）
・地獄極楽　西方浄土《さいほうじょうど》
・知恩、感恩、報恩
・三つ子の魂　百までも
・情《なさけ》は人の為《ため》ならず
・徳は孤《こ》ならず　必ず隣《となり》あり（『論語』）
・短気は損気
・誠の心
・清《きよ》き明《あか》き直《なお》き心（神道）
・嘘も方便
・和を以て貴《たっと》しと為《な》す（聖徳太子《しょうとくたいし》）
・知（鏡）仁（玉）勇（剣）

・武士に二言《にごん》なし
・卑怯《ひきょう》な真似はせず
・神は人によりて尊《たっと》し
・人の振りみて我が振り直せ
・青年よ大志を抱け（クラーク）
・大器晩成
・父母《ちちはは》も　その父母も我が身なり
　我を愛せよ　我を敬せよ（二宮尊徳、道歌）
・鬼は外　福は内
・笑う門には福来る
・色は匂へと散りぬるを
　我か世誰そ常ならむ
　有為の奥山今日越えて
　浅き夢見し酔ひもせす〈伊呂波歌《いろはうた》〉

こうした言葉は、世界各国に豊富に蓄《たくわ》えられています。世界諸聖人の示した人生の知恵が混交していて、それなりに有益な指針となってきたものといえますから、軽く見たり、忘れ去ったりしてはならないものでしょう。

（二）普通道徳の成果と役割

人類の歴史を眺望《ちょうぼう》すると、道徳には、大きく分けて二つの系統の存在することが分かります。普通道徳と最高道徳がそれです。

普通道徳は、人類がいのちを保存し発達させたいという自己保存の欲求を満たし、かつ社会を秩序づけるために、長い歴史の中で徐々に形成してきた道徳です。それは、今日まで積み上げられてきた社会の慣習や礼儀作法などを含み、いつの時代にも尊重され、守らなければならないものです。

例えば、節制を心がけて健康を保つ、勉学に励んで力を伸ばす、職業に精を出して生活を向上させる、良好な人間関係をつくる、自分が所属する団体の発展のために忠誠を尽くすことなどです。また、時間の節約、約束の履行《りこう》、勤勉、誠実、正直、親切、思いやりなどは、社会生活に大切な道徳であり、礼儀やエチケットに気を配ることは、人間関係を円滑にするうえで欠くことのできない道徳でしょう。

一般的に、道徳には、最小限、他の人に迷惑をかけない、不快な思いをさせない、という思いやりの心が込められています。つまり、自分の責任の範囲のことは自分で行い、不必要に他人を煩《わずら》わせないということです。身近な例として、多くの人が利用するドアを開け閉めする際には、開けた反動でドアが後ろの人にぶつからないように配慮し、手を添えたり、人に先を譲ったりします。

公共の場における携帯電話の使用にも、周囲の迷惑にならないように十分な注意が必要です。電子メールのやり取りやインターネットを使用するにも、情報通信の「ネチケット」①を守ります。相手や社会に言葉や情報による危害を与えず、自分自身も被害者にならないようにするためです。

また「コンプライアンス」（法令遵守《じゅんしゅ》②）といって、国家社会の法律を守ることも当然です。車の運転では、交通規則をよく守り、運転技術にも配慮して事故を起こさないようにすることです。工場で機械を使って製品をつくる場合でも、ケガや事故を起こさないように注意深く作業を進めることです。絶えず危機管理や安全の確保に気を配ることは、安全・安心な生活を築く基本になります。一方、自分の都合でルールを破ったり、自分の利害だけを優先する行動は、必ず自分に不利益をもたらすでしょう。

そして、今日では何事にも情報公開と説明責任③（アカウンタビリティ）が求められます。説明責任とは、自分の考えと行動の正当な理由を、他者に分かるように説明する責任です。しかし、むやみに他人の秘密やプライバシーを明かさない「黙秘《もくひ》の徳④」が重要な道徳であることは、昔も今も変わりありません。公益通報制度として、法律上、情報公開が認められる場合のほかは、仕事や交際を通じて知った相手の個人情報を外に漏《も》らすことがあってはなりません。何気ない他人の陰口《かげぐち》や噂話《うわさばなし》なども、個人情報保護のうえから注意が必要です。

このように、普通道徳は、社会生活に秩序をもたらし、安心で幸福な人生を築くための条件として有効なものです。

（三）普通道徳の限界

問題はこのような普通道徳を行う私たちの精神です。普通道徳は、基本的に自己中心的なものです。

自己保存の本能にもとづいていますから、自分の利害や都合だけを優先させたり、周囲に及ぼす影響に対する気配りが足りなかったりするなど、多くの欠陥や限界があり、根本的な改善が求められます。

普通道徳は、一時的・感情的な道徳です。物事を判断し対応するうえで、十分に考えることなしにその時々の感情に動かされ、偏《かたよ》った正義感や闘争心を助長することがあります。例えば、自分の正しいと信じることを、周囲の状況に関わりなく押し通すことで、相手や周囲の反発を招いたり、無用に人を傷つけたりします。

普通道徳は、同情・親切だけの道徳に終わることが多いものです。困っている人を助けようとする場合でも、相手の状況や必要性を見通し、何がほんとうに相手のためになるかを熟慮《じゅくりょ》することなく、浅く直感的な判断で援助するなどです。それでは、自己満足は得られても、相手に対する真の援助にはなりません。

また、恩着せがましい要求的な道徳にもなります。知らず知らずのうちに相手から有形・無形の見返りを期待することも多く、十分な感謝や返礼などが得られない場合には、「これだけしてあげたのに一言《ひとこと》の礼もない」と、相手に不満を感じることもあります。それがもとで、相手からも疎《うと》んじられるなど、人間関係を悪くすることがしばしば起こります。

普通道徳は、冷たい知的な道徳という性質を秘めています。表面上は礼儀正しくふるまったり、相手のためを思っていたりするようでも、あたたかい思いやりの心がこもっていないことがあります。そのため、相手に好感、満足を与えることが少なく、苦労の割にはよい結果が生まれないことになります。

普通道徳は、外面の形を整える形式的な道徳になりがちです。実行の動機が、相手や第三者のためではなく、自分が悪く思われたくない、よい評価を得たいなど、自分を中心に考える傾向が強いのです。そのため、形だけ行ったり、表面を取り繕《つくろ》ったりするものになります。心に安心がなく、他人の目を気にする緊張感がつきまとい、気苦労が多くなります。

普通道徳は、さらに熱心、奮闘《ふんとう》の道徳に傾きます。これは有用な精神ですが、度が過ぎて、激しい競争に勝とうと焦ったり、過剰な名誉欲や自己顕示欲《けんじよく》にかられたりして地道な努力を忘れることになります。先に自己の力を蓄えることをせず、力以上に無理を重ねて心身を酷使《こくし》して病に倒れたり、他人の怠惰《たいだ》を責めるなどして心の平安を失ったり、周囲にも無理を強《し》いたりするなど、思いがけず困難な結果を招くことも少なくありません。

普通道徳の種類と特徴

①一時的で感情的に燃え上がる道徳
②利己主義を秘めた道徳
③同情、親切心の道徳
④返礼を要求する道徳
⑤冷たい知的な道徳
⑥形式的な道徳
⑦熱心・奮闘の道徳

　このように、普通道徳は、自己中心的な傾向を免《まぬが》れることができません。言葉をかえれば、人格の根底である品性を改善するものでなく、道徳の実行者自身の生活によい効果をもたらすことが少ないのです。

　ここから、「道徳はよいことではあるにしても、実行してもあまり生活と人生のプラスにはならない」とあきらめ、道徳の効力を疑う心さえ生じてきます。それゆえ、普通道徳を尊重しながらも、その欠陥や限界をよく見きわめ、改善していく必要があります。

二、求められる最高道徳

(一) 世界諸聖人とその道徳

　古代には、自己保存の本能にもとづいて発達してきた普通道徳とは異なる、優《すぐ》れた道徳が生み出されました。その系統が今日まで伝えられて、人類の幸福を高めてきていることが分かります。その質の高い道徳系統の恩恵はどれだけ偉大であるか、はかり知れないものがあります。

　ドイツの哲学者カール・ヤスパース⑤は、その著『歴史の起源と目標』において、紀元前五世紀を中心とした数世紀を「枢軸《すうじく》時代」と名づけ、この間に孔子、ソクラテス、イエス、釈迦など、人類の教師と呼ばれるような優れた思想家、聖人たちが洋の東西に出現したと述べています。ヤスパースによれば、人類の歴史は、このような聖人たちの教えと思想の強い影響のもとに展開されてきたのです。

また、アメリカの社会学者ソローキン[6]も、聖人の道徳の有効性を実証的に研究し、富も権力もない聖人といわれる人々が、文化と社会を改造し、歴史の方向を決定的に導いてきたことを確かめています。

モラロジーを創建した廣池千九郎は、このような世界諸聖人が示し、実行した質の高い倫理道徳を学問的に再構成して、「最高道徳」(supreme morality)と名づけました。普通道徳が自己保存の本能から形成され、そのため、どうしても自己中心的な傾向を色濃く秘めているのに対して、最高道徳は自己中心の傾向をこえた、広い視野をもつ道徳です。

その後、二十一世紀の現在では、主に宗教の対立が「文明の衝突」を引き起こすのではないか、と心配する識者が増え、なんとかして宗教と文化の多様性を認め合い、平和的に共生を図るにはどうすればよいかを探究する試みが、各方面で盛んになっています。宗教対立の解消は容易ではありませんが、経済と情報と科学技術のグローバル化は、「コモン・モラル[7]」(common morals　共通道徳)といえるものを徐々に形成しています。世界には、それぞれの文化の特殊性、多様性を尊重し保存しながら、交流、共生を図る共通の広場が姿を現してきたのです。

世界諸聖人は、人生の意味の実現という観点からいえば、日常生活での生き方の指針にとどまらず、魂の救いということまで含めたもっとも包括《ほうかつ》的な意味体系を人類に教え示しました。いくら現代が科学時代となっても、救済という意味の実現と、それに到達する方法の教えという点では、聖人の宗教と道徳に比肩《ひけん》できるものはいまだ現れていません。

モラロジーは、世界諸聖人の倫理道徳を宗教信仰の対立の中にとどめることなく、その多様性のうちに共通性を探究し、質の高い倫理道徳であるコモン・モラルをつくり上げようとしています。

（二）世界諸聖人の特質

聖人の特質については、廣池千九郎の説に従って、次のように示すことができます。

第一に、聖人は、神を信じてその心に従い、いっさい自己の意見・主義・希望もしくは欲望を主張するようなことはなく、また、決して人類発達の原理を曲げることはありませんでした。

第二に、迫害《はくがい》や無理解の仕打《しう》ちに出会うような場合においても、一視同仁《いっしどうじん》という愛や慈悲の心をもって自己に反省し、他人を責めることがありませんでした。

第三に、神仏の心を体得して自己の品性をつくることを主とし、利益や名声を求めるなど、利己的事業をいっさい企《くわだ》てませんでした。

第四に、少しも虚飾《きょしょく》を用いず、ただ必要な礼儀・礼節はこれを尊重しました。

第五に、すべて中庸《ちゅうよう》を尚《たっと》びました。中庸は、単に苦と楽の中間を行うということとか、過不足がなく極端に走らない、ということにとどまらず、一方と他方の善さをよく理解して生かしながら、新しい考え方や生き方を見いだすことです。

第六に、自己の精神作用及び行為の基礎をまったく神仏の精神に置き、人生の意味を悟り、そのような自己の精神及び行為の精髄《せいずい》を他人の心に移植して人心救済を行いました。

第七に、排他的に一宗・一派もしくは一団体の保存及び発達のみを図ることなく、世界の平和と人類の幸福とを目的として、すべての行動及び施設はみな、全人類に対して普遍的で開かれた性質をもっていました。
モラロジーでは、このような基準を尺度にして、古代における道徳実行者の模範である聖人を選定していきます。今後、よりいっそう科学的に調査研究を進め、実際の歴史資料を集めて、道徳実行者としての聖人の道徳を明らかにしていくことを目指します。

(三) 最高道徳の特質とその生き方

最高道徳は、世界諸聖人がみずから実行した道徳原理です。各々には個性と特殊性もありますが、ここでは諸聖人に共通する道徳の特質を抽出《ちゅうしゅつ》してみましょう。

①広大な慈悲心を育てる

聖人は宇宙の諸現象の背後に森羅万象《しんらばんしょう》を司《つかさど》る本体(神、仏、天、法)が存在することを信じ、その意思、すなわち慈悲や愛や仁の心に従って人類の幸福実現のために献身《けんしん》する人です。聖人は、人間の生き方の基盤を、人間をこえた高次元の存在との交流の中に求め、そこから人類の安心、平和、幸福の原理を見いだしています。釈迦は「仏の心」について、こう述べています。

いっさいの生きとし生けるものは幸福《さいわい》であれ。(中略)あたかも母が己《おの》が独り子を身命《しんめい》を賭《と》しても護《まも》るように、そのようにいっさいの生きとし生けるものたちに対して、無量の慈しみの心を起こすべし。(『スッタニパータ』一四七〜一四九)

②精神を教育する

聖人はひたすら神仏の心を純粋に受け継ぎ、自己の利害をまったく離れて、人間の精神の教育すなわち人心の開発と救済のために一生を捧げました。釈迦は王族の身分を捨てて、衆生済度《しゅじょうさいど》のために五十年間、心血を注ぎました。ソクラテス、孔子、イエスも人々の心の救済に努めました。

③正義と平和を希求する

聖人は人類の平和を目的として、その実現に努力しました。孔子は、政治の根本が仁政つまり政治家の人格による感化であることを説いて諸国を巡《めぐ》りました。また、ソクラテスは、人々の幸福にとって国家および法律・正義がいかに重要であるか、毒盃《どくはい》を仰《あお》ぎ身をもって示したのです。

④救いの道を教える

聖人による人間教育は、すべて心の救いに向けて行われました。釈迦は無我と慈悲の教えを説いて、心の迷いや不安、憎しみ、いさかいを生む根源である我執《がしゅう》を克服する道を示しました。ソクラテスは、真理についての正しい知を獲得することの大切さを悟り、人々にそのように教育しました。

イエスは、人々がほんとうの神の愛を知らず、神の恵みを自覚していないために、心に安らぎを得ることがなく、互いに争いを避けて平和に暮らすことを知らないでいる、と考えました。そこで、「神の愛を信じよ」「信じる者は救われる」「求めよ、さらば与えられん」「敵をも愛しなさい」と訴えて、不信と欲望に翻弄《ほんろう》される人生をこえる生き方について教えました。

⑤知徳一体を力説する

聖人は知徳一体を説き、正しい知識にもとづいて品性を養うことを尊重しました。孔子の教えを伝える『大学』には、次のようにあります。

その身を修《おさ》めんと欲する者はまずその心を正しくす。その心を正しくせんと欲する者はまずその意《い》を誠《まこと》にす。その意を誠にせんと欲する者はまずその知を致《いた》す。知を致すは物に格《いた》るに在《あ》り。物格ってのち知至《いた》る。知至ってのちに意誠《まこと》なり。意誠にしてのちに心正し。心正しくしてのちに身修まる。(経一章)

すなわち、自然の法則に合致する知識を得、それによって意すなわち人間の根本精神を誠にし、心を正しくし品性を完成するということです。これが家を斉《ととの》え、各地の国を治め、ついには天下全域を統治する方法であるというのです。

⑥弱さを思いやる

聖人は、人間の生老病死をはじめとする弱さに対する惻隠《そくいん》の情、すなわち慈《いつく》しみ思いやる心を教えています。先にも述べた慈悲は、抜苦与楽《ばっくよらく》ともいい、苦を抜いて楽を与える意味とされます。慈悲のサンスクリット語「マイトリーヤ・カルナー」のマイトリーヤは「慈」であり「友情」ですが、「悲」の「カルナー」の原意は「呻《うめ》き」であって、人生のさまざまな苦に対する呻きという意味です。さらに、孔子の仁は、他者を思いやる心であり、孟子《もうし》も「惻隠の心は仁の端《たん》なり」(『孟子』公孫丑章句　上)と説いています。端は始まりの意味です。日本人の心を耕し、貧しい中にもあたたかく粘り強い国民性を培養してきたものは仏教にも見いだされる精神といえますが、その根本は弱きものへの眼差《まなざ》しにあるでしょう。

『新約聖書』には、「わたしたち力のある者は、力のない人たちの弱さをになうべきです。自分を喜ばせるべきではありません」（ローマ一五・一）とも、また「主は『わたしの恵みはあなたに十分である。というのは、わたしの力は、弱さのうちに完全に現れるからである』と言われたのです」（コリントⅡ　一二・九）とあります。

イエスは、『新約聖書』の「迷える羊⑧」のたとえ話をはじめ、多くの例話が示すように、人生の困難に直面して苦悩している人、悲しんでいる人、迷っている人、その一人ひとりに対して、その心を救い、希望を与えるように努めました。

人間の弱さへの慈しみの心も、最高道徳の特質です。

三、倫理道徳の源流を求めて

（一）日本の歴史に見る最高道徳の精神

日本の文化と道徳系統の特質については、その第一の源泉は、『古事記』『日本書紀』『万葉集』などに述べられている道徳に見ることができます。

今日、皇室の祖先神・天照大神《あまてらすおおみかみ》⑨は、歴史学では神話上の存在とされていますが、その神話こそが重大なのです。

モラロジーでは、神話伝承《しんわでんしょう》というものも人類の現実の信念や信仰、精神生活を構成する不可欠の素材であると認めます。日本の記紀《きき》に記された天照大神の事跡からは、その後の皇室と国民の精神の根幹となる「慈悲寛大自己反省《じひかんだいじこはんせい》」の精神行為を確認できるのです。『古事記』の岩戸籠《いわとごも》りの条《じょう》に、

天照大神、見畏《みかしこ》みて、天《あめ》の岩屋戸《いわやど》を開きて刺許母理坐《さしこもりま》しき

とあります。ここでは、「見畏みて」が重要です。姉・大神《おおみかみ》が、弟・素戔嗚尊《すさのおのみこと》の度重なる乱暴に対して慈悲寛大の心でこれを許し続けたにもかかわらず、さらに素戔嗚尊が神聖な神祭りを妨害しました。大神はそれを寛大な心で許し、高天原《たかまのはら》全体の統治の責任者として「見畏み」、つまり徳の足りないことを深く反省し、いちだんと道徳的修養を積むため、天《あま》の岩戸《いわと》にこもったというのです。

そして、歴代の天皇は、この慈悲寛大自己反省の精神を受け継ぎ、日本人の道義の中心としての役割を果たしてきたのです。この精神は、日本民族の「物語」として、心の底に流れているといえるでしょう。

新渡戸稲造《にとべいなぞう》⑩の『武士道』に、日本という国は「自国の歴史及び文明における最善のものを失うことなくして、世界の提供する最善のものを採《と》り入《い》れ、しかもこれらを同化」したとあります。その一つの精華《せいか》が江戸時代に完成した武士道でした。

武士道は、人間ならびに宇宙は等しく霊的かつ道徳的であると考え、古代儒教からの主人に対する忠、祖先に対する尊敬、親に対する孝行を柱とし、義、勇、仁、忠、孝、礼、信などの徳を受け入れました。また仏教からは、人生を運命に任すという平静な感覚、不可避の事態に対する静かなる服従、

危険災禍《さいか》に直面しての沈着、生を賤《いや》しみ死に親しむというような精神態度を受け継いでいます。そして、すべての根本に、天皇と皇室を国民同胞の中心とする潜在的な「集団無意識」[11]（カール・ユング）を置いて、民族意識を培養するものでした。

また、哲学者・倫理学者の和辻哲郎《わつじてつろう》は、古代の日本人の道徳的特質は、清さの価値すなわち公明正大さの尊重、慈愛の尊重、正義の尊重などにあると指摘しています。この精神は、聖徳太子の十七条憲法[12]にも明らかにされており、古代日本を一新した大改革である大化の改新（大化の新政）の精神的支柱となりました。明治の政治及び社会の指導原理も「五《ご》箇条《かじょう》の御誓文《ごせいもん》」[13]をはじめ、そうした精神が基盤となっています。日本人は、この基盤の上に、仏教や儒教など外来の優れた考えを吸収し、独自の道徳を形成して民族・国民として発展し、国力を強化してきたといえましょう。

（二）あらためて聖人の道徳を学ぶ

古代における世界諸聖人に始まる最高道徳の系統は、例えば西洋ではアリストテレス、パウロ、アウグスティヌス、トマス・アキナス、アジアでは竜樹《りゅうじゅ》（インド）、聖徳太子、朱子、王陽明《おうようめい》、朱舜水《しゅしゅんすい》、石田梅岩《ばいがん》、二宮尊徳その他優れた人々によって継承され、展開されてきました。このほかユダヤ教、イスラム教、ヒンドゥー教などでも、人類の信仰と崇拝を集める優れた賢者や道徳家を輩出《はいしゅつ》しています。

さらに、現代においては、ガンディーやシュバイツァー、マザー・テレサ[14]などが現れました。世界には、おそらくその他の多くの人々が活躍し、その人類愛に満ちた生き方は人々に希望と勇気、生きる指針を与え続けていることでしょう。今後とも、最高道徳の実行者を調査し、発見し研究することは、人類の道徳進化のための共通課題であり、学問としてのモラロジーの一大任務と考えられます。

日本の場合を考えれば、皇室は現代でいう医療、看護、福祉の分野を主導し支えてきました。近年の例では、昭和天皇の生母である貞明皇后（後に皇太后）はじめ各宮家の活動、ならびに今上天皇、皇后陛下が地方行幸《ぎょうこう》・行啓《ぎょうけい》の機会に施設にお立ち寄りになり、激励され支援されている姿は、日本国民の手本とすべき伝統でしょう。

古代聖人の教えや生き方は、その後の歴史において学問や宗教として伝えられてきました。グローバル時代には、特に異なる宗教が出会うこととなりますが、その際に相手をよく知らなければ無用な摩擦を生みます。他人の心の中を知らないままに敬《けい》して遠《とお》ざけ、波風を立てない、というだけの道徳では、これからの世界には通用しません。世界諸聖人に共通一貫するところの倫理道徳に注目することが望ましいでしょう。

そのためには、世界諸聖人の言行録を親しく手元に置いて読み、異文化についての知識を獲得することが有益です。『古事記』『日本書紀』をはじめとして、『ソクラテスの弁明』『ブッダのことば』『論語』『聖書』『コーラン』⑮というような重要書物を繙《ひもと》くことは、無知から知へと進むことであり、まさしく道徳の実行でしょう。紛争の中でも、とりわけ無知から生じる紛争は、もっとも無用無益の紛争です。他を知ることが、対話を通じて平和へと向かうための基礎的条件となるでしょう。

聖人と呼ばれた人の人生は、一般の生活と異なりました。普通の人々のように物や金銭を得るための実業に就《つ》かず、むしろそれから離脱し、修行一筋、あるいは布教救済一筋に過ごす生活でしたから、実際の生活ぶりは、普通一般の仕事をもつ人々にはそのまま当てはまりませんでした。むしろ矛盾《むじゅん》する側面がありました。結婚から離れて独身を通したり、実業に手を染めず他の人々からの喜捨《きしゃ》やお布施《ふせ》により生活していました。托鉢《たくはつ》もその生活の形でした。

激しい競争の中では、じっくりと物を考えたり、雑念に染まらないで修行したり、研究したりすることはなかなかできませんから、どうしても普通一般の職業をもつ人々のままでは、道徳の研究と実行は不完全となります。独身を通したり、一時期を荒野に修行したり、難行苦行したりすることは、道徳の研究と実行の実験を一般の人々に代わって行うという段階でした。その段階を通って獲得され到達した成果が、一般人に役立つものとなったのです。

私たちは、それらの人のおかげにより、毎日の忙しい生活の中で時々静かな時をもち、わが身を振り返ることができます。どんな時にも心づかいで道徳を実行できます。聖人の実行を学んでいけば、心の中で、いつでもどこでも、その跡を踏むことができます。

(三) 文化の多様性と共通の道徳

最高道徳は、世界諸聖人に発するものであり、有史以来、最高最強の生命力と創造性を生み出してきた道徳です。世界諸聖人は、その思想、信仰、行為、教育を通じて、人生を真剣に生きようとする世界中の多数の人々の心に作用し、苦難を乗り越える力を与えてきました。

しかし、その主たる系列は、学問や科学としてよりも、宗教やその宗派という形で伝わってきているため、受け取る人々により、また風土や文化によって四分五裂《しぶんごれつ》し、排他的となり、お互いに他の信じる神を否定したり、否定しないまでも軽蔑したり、幾度か文化戦争、宗教戦争を引き起こしてきました。これは真に惜しまれることではないでしょうか。

一方、例えば科学とその応用である技術は、伝統的な排他性、独善性を乗り越え、共通性の精神領域を拡大しようとする営みです。科学はどこまでいっても不完全なものでしょうが、お互いの間の共通領域を尊重するという根本精神は、人類の平和的な共生のために不可欠なものといえましょう。

このように、それぞれの宗教や文化の違いを認めることはもちろん必要ですが、違いや多様性の強調だけにとどまっていては、せっかくの諸聖人の叡智を、対立する箱の中に閉じ込め、消耗させます。共通性への着眼が求められることになるでしょう。

これからの人類の道徳においても、違いを相互に承認しながら、内面の信仰や価値観、外面の行為様式も共存できる範囲をできるだけ拡大し、平和な相互依存の広場をつくり出していきたいものです。モラロジーはこうした目的から、世界諸聖人の事跡と伝統を、対立の可能性のある宗教の次元においてではなく、人類共通の共存可能な倫理道徳のモデルとして理解しようとします。この立場は、いろいろと異なる学説が唱えられ、競い合いながら「共通の方法」によって真理の歩みを続ける科学に通《かよ》い合うものです。

四、最高道徳の広場へ

これまでの基礎編においては、人類の歴史とともに形成されてきた普通道徳が、人類の幸福にとって、いかに重要であるかを考察してきました。しかし、また、そこに種々の限界が現れていることも知りました。その限界を乗り越えるために、普通道徳を改善していくこと、さらに最高道徳の理解と実行が不可欠であることを見てきました。

以下の実践編においては、最高道徳の本質が、具体的には五つの原理、すなわち自我没却の原理、正義と慈悲の原理、義務先行の原理、伝統報恩の原理、人心開発救済の原理として表現されることを述べ、最後に最高道徳の実行の効果について考察します。

普通道徳と最高道徳の相違の一端を示すと、それは次のような精神に現れます。すなわち、世間一般の倫理道徳では、良心というものを尊重し、みずからの良心によって判断し行動するという考え方が定着しています。そこから、「人事を尽くして天命を待つ」という行為指針が唱えられています。しかし、よく考えてみれば、確かなものとして依《よ》るべき自分の良心というものが、人間の自己中心の傾向を残した危《あや》ういものであり、そうした良心への熟慮吟味《じゅくりょぎんみ》のないままに人事を尽くしても、待つべき結果はよくなりません。

意図した行為が成功を収めるためには、私たちの精神と行為を人生の事実に即し、歴史の行程に照らし、また科学的・実証的に検討することです。それには次のような精神で行動するのです。以下、モラロジーにおいて、最高道徳の精神と行動を格言形式で表す成句⑯から示してみましょう。

①深く天道を信じて安心し立命す

自分は天地の法則、神仏の心にそっており、この心でこの道をたどって行けば、やがて天地の恵みが与えられる、と確信して歩むのです。

②無我の心はじめて良果《りょうか》を生ず

利己心を去り、力《りき》まず焦《あせ》らず、方法もよく吟味《ぎんみ》して進めば、よい結果に恵まれます。

③天命に従い曲《つぶさ》に人事を尽くす

「人事を尽くして天命を待つ」のではなく、利己心を取り去って、物事の正しい法則や方法に従い、できる限りの努力をすることです。

④慈悲寛大自己反省

自分を含めていっさいのものを慈しみ、思いやり、寛大の心で対応し、物事や人生の改善向上の責務を自己に引き受けていきます。

⑤動機と目的と方法と誠《まこと》を悉《つ》くす

精神的にも形式上にも、動機、目的、方法においても、「感謝、報恩、正義、慈悲」という最高の道徳的内実を込めて進みます。

⑥苦悶《くもん》の中に自暴自棄《じぼうじき》せず

苦難のときに自分の可能性をあきらめず、光に出会う希望をもち続け、人生を開拓していくことです。

⑦盛時《せいじ》には驕《おご》らず衰時《すいじ》には悲しまず

思いどおりにいくときに有頂天《うちょうてん》にならず、意のままにならないときにも悲観しません。

最高道徳の目指す幸福とは、単なる一時的、部分的な成功ではなく、家族及び人類の子々孫々へと伝わる生命の永続であり、息の長い歩みを目指しています。

モラロジーの目的は、このように普通道徳と最高道徳を対象として、その各々の内容及び実行の方法を比較研究し、あわせて道徳実行の効果を科学的に明らかにして、最高道徳に向けて前進していくことにあります。

最高道徳は、進んで実行すれば、自分の胸中に喜びの世界が開けて、自分を取り巻く社会の中で、愉快、円満に生活しながら、信頼と尊敬を得、周囲の人々を感化することができるようになります。

孔子は、「これを知るものは、これを好むものに如《し》かず。これを好むものは、これを楽しむものに如かず」と語っています。私たちも心からの喜びをもって最高道徳を実行していけば、真に意義のある人生を建設していくことができます。

注①　**ネチケット**　netiquette　ネットワーク・エチケットの略語。コンピュータネットワーク上で必要とされるエチケットやマナーとして、互いに不愉快《ふゆかい》な思いをしたり、プライバシーを侵害したりすることのないように配慮《はいりょ》する倫理道徳の規準。
②　**コンプライアンス**（**法令遵守**）　compliance　英語の原義は「（命令、要求などに）従う」ことであるが、現在では、主として法令遵守の意味で使われる。（『倫理道徳白書 vol.I』「企業倫理」モラロジー研究所。高巌『誠実さを貫く経営』日本経済新聞社、『なぜ企業は誠実でなければならないのか』モラロジー研究所）
③　**説明責任**　人あるいは企業、行政機関、政府等が、関係者（利害関係者、顧客、消費者、住民、国民など）

に対して、自身の業務や活動・行動について事前、事後に説明する責任のこと。

④ **黙秘の徳** 人のプライバシーに関わる情報、または企業秘密、国家機密などを外部に漏《も》らさないという道徳。武士道や昔の官僚の道徳では厳しく求められたといわれる。黙秘の徳と情報開示の原則には対立があるが、内部告発は、日本では公益通報制度という形で法的に制度化された。

⑤ **カール・ヤスパース** Karl Jaspers 一八八三〜一九六九年。ドイツの精神医学者、哲学者。実存主義の創始者の一人。哲学のみならず、現代の神学や精神医学にも多大な影響を与えた。

⑥ **ソローキン** P.A.Sorokin 一八八九〜一九六八。ロシアから亡命したアメリカの社会学者。聖人や「善き隣人」など、利他的な人物の研究で知られる。著書『利他愛』、『愛の方法とその威力』（邦訳『若い愛成熟した愛』）など。

⑦ **コモン・モラル** common morals 共通道徳。異なる文化に共通する道徳のこと、コモン・モラリティ（common morality）ともいう。コモン（共通）には①異なる文化の間で共通、②異なる専門分野の間で共通、③異なる時代の間で共通の三つがある。（『倫理道徳白書 vol.I』及び『グローバル時代のコモンモラリティの探求』モラロジー研究所）

⑧ **迷える羊** 『新約聖書』の「マタイによる福音書」に出てくる言葉。羊は、弱いものの譬《たと》えであり、神の愛はすべての人に普《あまね》く及び、また、弱い者こそ見捨てられないことを説くもの。

⑨ **天照大神** 『古事記』『日本書紀』において高天原の統治者とされる神であり、日本皇室の祖先神。伊勢神宮の皇大神宮《こうたいじんぐう》（内宮《ないくう》）に祀《まつ》られ、皇室崇敬《すうけい》の中心とされる。モラロジーでは、大神《おおみかみ》の根本精神である「慈悲

寛大自己反省」は、日本の道徳精神の始原であると解釈。

⑩ **新渡戸稲造**　一八六二〜一九三三年。思想家、教育家。札幌農学校卒業。一高校長、東京女子大初代学長などを歴任。クエーカー派のキリスト教徒として国際親善に尽くし、国際連盟事務局次長を務めた。英文の『武士道』（一九〇〇年に初版）は有名。カナダで客死。

⑪ **集団無意識**　集合的無意識とも呼ばれ、スイスの精神科医、心理学者カール・グスタフ・ユング（Carl Gustav Jung　一八七五〜一九六一年）が提唱した心理学の概念。彼は深層心理について研究し、人間の無意識の深層に存在する個人の経験をこえた集団や民族、人類の心に普遍的に存在する先天的な無意識を見いだした。集団無意識のもつ物語や行動、心象、感情、思考などは、しばしば神話や個人の夢に投影されているといわれる。

⑫ **十七条憲法**　六〇四年（制定年には異説あり）、聖徳太子が制定した十七か条からなる日本初の成文の条令。人民や臣下への訓戒であり、「和」の精神を基本に儒教、仏教の思想を調和させながら、君臣および諸人の則《のっと》るべき道徳を示したもの。

⑬ **五箇条の御誓文**　一八六八（慶応四）年、明治天皇が発した明治新政府の基本方針。

一、広ク会議ヲ興《おこ》シ　万機《ばんき》公論ニ決スヘシ。
一、上下心ヲ一《いつ》ニシテ　盛ニ経綸《けいりん》ヲ行フヘシ。
一、官武一途《かんぶいっと》　庶民ニ至ル迄《まで》　各《おのおの》　志《こころざし》ヲ遂《と》ケ　人心ヲシテ倦《う》マサラシメン事ヲ要ス。
一、旧来ノ陋習《ろうしゅう》ヲ破リ　天地ノ公道ニ基ツクヘシ。
一、智識ヲ世界ニ求メ　大《おおい》ニ皇基《こうき》ヲ振起《しんき》スヘシ。

⑭　**現代の聖なる人々の例**

ガンディー　M.K.Gandhi　一八六九～一九四八年。インドの政治家、民族運動の指導者、インド独立の父。非暴力・非協力主義により民族運動を指導。インド独立後まもなく暗殺されたが、インド国民から、マハートマー（大聖、偉大な魂）として讃仰《さんぎょう》されている。

シュバイツァー　Albert Schweitzer　一八七五～一九六五年。フランスの医師、神学者、哲学者、音楽家。アフリカへ渡り、黒人の医療・救済・伝道に従事し、「密林の聖者」と呼ばれた。バッハ研究でも知られるオルガン演奏家。一九五二年ノーベル平和賞受賞。

マザー・テレサ　Mother Teresa　一九一〇～一九九七年。本名アグネス・ゴンジャ・ボヤジュ。旧ユーゴスラビア生まれ。カトリック教会の修道女で、カルカッタ（現コルカタ）に「死を待つ貧しい人の家」を開設し、貧しい人々の救済と神の愛を伝える奉仕活動に従事。一九七九年ノーベル平和賞受賞。二〇〇三年、カトリック教会によって福者（Beatus　死後その徳と聖性を認められた信徒に与えられる称号）に列せられた。

⑮　**コーラン**　現在では、より原音に近いクルアーンと呼ばれることが多い。「声に出して読むもの」の意味。ムハンマドが受けた啓示をまとめたもので、一一四章からなるイスラム教の根本聖典。イスラムの信仰のほか思想、倫理、行動規範（結婚や離婚、相続に関する規定、飲食を含む生活規範、犯罪に対する処罰規定など）がアラビア語の散文詩体で語られている。

⑯　**最高道徳の精神と行動を格言形式で表す成句**　廣池千九郎著『道徳科学の論文』の第二巻「最高道徳の大綱」にある一三六の成句。最高道徳に関して、廣池自らが経験し実行し、その確実性を確かめた考え方や行動が格言の形をとって述べられている。

実践編

第五章　自我没却

はじめに

最高道徳では、品性向上を自我没却《じがぼっきゃく》から始めます。

私たちは、一人ひとりが豊かな個性を備えた存在であり、十人十色《じゅうにんといろ》というように好むものや欲求の内容、思想信条も多種多様です。

そのように個性が多様であることが、人間の社会に豊かさをもたらしているといえます。ところが、その個性に自我①という性質が浸み込んでいるため、そのことが自己自身の発展を阻害《そがい》するという共通の問題を抱《かか》えています。すなわち、私たちの生命力や精神には、自我つまり自己中心性という性質が浸《し》みついており、自分の中に恵まれている善に向かう無限の可能性を発揮できない状態にとどまっているのです。

そのために私たちは、誤った考えや感情、欲望に走りやすく、生きる力を正しい方向に十分に伸ばすことができず、悩みや苦しみにとらわれてしまうことがあります。また、他人に危害を加えたり、人間関係を損ねたり、一般社会に害を及ぼしたり、自然界の調和を乱すこともあります。そこで、私たちは考え方を正し、自我を取り去って無私・無我の心となり、宇宙自然の法則や神仏の心に同化した生来《せいらい》の生きる力を伸ばすことによって、いきがいのある人生、意味ある人生を創造し、「よく生きる」という目的をなしとげることができます。

一、自我とは

(一) 自己保存と自我

植物も動物も、すべて生きとし生けるものは、自己のいのちを生き抜き、発展させようとする極めて強い力を秘めています。この強力な生きる力は自己保存の本能であり、いのちを守りぬく根本の力です。私たち人類も例外ではなく、他の生物と同様に、自己保存の本能とその本能から生じる欲求の力によって、今日まで生存を遂《と》げ発達してきたのです。本能とは、生物が生まれながらにして遺伝子情報として与えられているものであり、動物が環境に適応し、生命を維持するために取るべき行動を指示します。

しかし、人間の場合、本能がそのまま行動をすべて支配し決定するわけではありません。本能の上に、経験や知識という後天的に獲得する情報と倫理道徳を加えて、損得や善悪を判断し、自己をコントロールし、考え方や行動を修正しながら歩んでいます。その際、不適切な知識や情報、自己中心の利己的な考え、感情、欲望にとらわれた判断力しかもっていないならば、その生活は「よく生きる」といういのち本来の目的にそわなくなります。

人間は、他の生き物と異なり、高度の精神作用をもっています。しかし、そのすぐれた精神の力をもってしても、相互依存のネットワークの一員にふさわしい生き方をすることは容易ではありません。私たちの自己保存の本能が、どうしても過度に自己中心的に働いてしまうためです。このように、過度に自己中心的になって、他の立場を考慮できず、全体を視野に入れることができない、さらには物事を深く考えることのできない心の傾向のことを自我といいます。

現代、自我は「自我の自覚」とか「自我の確立」といわれるように、どちらかといえばよい意味に用いる傾向にあります。しかし、本来、自我とは、我《が》が強い、我欲《がよく》に走る、我執《がしゅう》にとらわれるなどといわれるように、人間本来の精神力と生命力を誤った方向へと発揮し、過度に自分の利害や欲求、好き嫌いなどにこだわり、自分も他人も害してしまう精神のことを指しています。

人間は、自我の存在によって、自分たちが多くの存在に支えられて生きているという事実を理解できず、全体の調和を無視して、自分勝手に振る舞うことになります。その結果、人間同士が対立や抗争を引き起こし、地球環境の破壊などの問題をもたらしているのです。自我こそ、古今東西、人間の幸福を阻害する根本の原因です。したがって、私たちは、自分の自己中心的傾向を見つめ、それを克服していく努力、すなわち自我の没却が必要です。自我没却は、私たちが相互依存のネットワークの一員として生きていくうえで欠かすことのできない出発点であり、自我没却に向かうことによって、人間精神を改善する基本的前提が整います。

(二) 煩悩——心の三毒

自我は仏教にいう煩悩《ぼんのう》②にあたります。大晦日《おおみそか》に百八つの除夜《じょや》の鐘《かね》が告げるように、煩悩にはさまざまなものがあります。そして、それらの根本にあるのは、人間の心の成長を害する三毒《さんどく》、すなわち貪《とん》、瞋《しん》、痴《ち》です。心がこの三毒に染まれば、私たちの品性は汚れ、何が幸せを生むのかという真理を知ることができず、よく生きるための適切な考え方や行動を阻害することになります。

貪とは、「むさぼりの心」です。それは物や金銭、名誉、快楽などを際限なく欲しがる心が肥大し、欲望の充足に強くとらわれた状態です。この場合、自他を生かす正しい知恵に目覚めていないために、暴走を止められず、悩みや苦しみをつくり出します。

瞋とは、「憎《にく》み怒《いか》る心」です。自分の好き嫌いなどの価値観を尺度にして、敵をつくって攻撃したり、社会の秩序を破る行動に出たりします。ここにも、幸福を実現する知恵が不足していて、物事を正しく見つめることができない心があります。そのために、不平や不満のとりこになったり、天地自然や社会、周囲の人々、そして自分自身と人生とも和解できないで、恨《うら》み辛《つら》みの人生を送ることになります。

痴とは、「真理に無知の心」です。物事の道理をわきまえないで迷い、誤解や偏見、誤った考えで心がいっぱいになっている状態です。そのため、どのように生きるのがよいかつねに迷い、物事の本末や善し悪しの判断がつかず、その時々の欲望に振り回されます。

心が痴に染まってしまうと、目指すべき価値や生きる方向を見失い、無明《むみょう》の世界をさまよいます。無明の最たるものは、無常という真理を理解できず、よりよく生きるための人生の意味を発見できないことでしょう。無常とは、いっさいのものは永遠、恒常、不滅ということはなく、絶えず変転し移ろうものであるという意味です。

また、私たちは、自分自身の正しい姿や可能性を見いだせないとき、強い不安や劣等感に襲われ、自己卑下《ひげ》して悩んだり、意欲をなくして引きこもったり、ニヒリズム（虚無主義《きょむ》）に陥《おちい》って自暴自棄《じぼうじき》になったりするのです。ニヒリズムというのは、精神が拠《よ》り所《どころ》となる価値基準を見失った状態であり、善悪の標準など存在しないという人生観です。

人間に本能として埋め込まれた情報は、しばしば誤りを犯し、煩悩となって悩み苦しみを生み出します。古来、宗教、教育、礼節、倫理道徳の中心課題は、そうした誤りを正す知恵や技を教えることにありました。

自我没却は、人間が歪んだ精神にとらわれて目が眩《くら》んだ段階から、聖人の示した真の人生の意味を知るための大前提であり、先人はそれを改心（回心）とか、悔《く》い改め、悟り、覚醒《かくせい》、あきらめというように表現したのです。私たちが本来の生きる力を十分に発現してよく生きていくためには、自我を没却することが欠かせません。

(三) さまよえる現代人の自我

自我は、現代人の生活のさまざまな場面に表れます。例えば、食欲や性欲などの欲求や、地位、名誉、財産などに対する欲求も過剰《かじょう》に働き、必要以上のものまで手に入れようとする欲望となって表れてきます。そして欲望に衝《つ》き動かされて無理を重ね、身も心も害し、周囲にも迷惑をかけることになります。現代社会に見られるさまざまな混乱や、人々を苦しめる生活習慣病はその結果でしょう。

また、競争の激しい社会では、他人の優れた能力や幸福な境遇に対する嫉妬《しっと》や羨望《せんぼう》を、だれしも多かれ少なかれ抱くものです。しかし、それが昂《こう》じて、相手を排斥したり、他人の権利を踏みにじるなどの言動をとれば、相手ばかりか、やがては自分をも苦しめる結果になるでしょう。

自我は、高慢心《こうまんしん》や負け惜しみの心、自己の思想信条の過剰な主張としても頭をもたげてきます。自分の考えを適切に主張することは大切ですが、それにこだわりすぎたり、自分だけが正しいという思い込みが強くなると、他からの批判に対してかたくなに身構え、攻撃的になって、周囲の人々を苦しめ、傷つけることになります。

また、私たちはともすれば、自分を完全に分かってもらいたいと願い、願いが叶《かな》わないと、相手を責めがちです。本来、他人に気持ちを理解してもらうことはなかなか厄介《やっかい》です。ですから、少しでも分かってもらえたら感謝すべきです。

逆に、必要以上に自分を抑《おさ》えようとするのも自我の表れです。言いたいことを我慢して表面上は相手に合わせたとしても、心の中では不平や煩悶《はんもん》、葛藤が募《つの》り、結局は自分自身を苦しめることになります。例えば、むやみに遠慮したり、謙遜《けんそん》するようなとき、表面上は自分を抑え、相手を尊重しているかのように振る舞っていても、内心では正反対の感情を抱いていることが多いものです。むやみにへり下る、失敗して極端にふさぎ込む、過度に悲観的になる、自暴自棄になる、強い不平をもって憤《ふん》慨《がい》するとか、過度に干渉《かんしょう》するのも自我の表れです。親が子供に干渉し過ぎると、子供は過度に内向的になったり、逆に反発して暴力を振るうことになります。

現代人の自我には、もう一つ注意しなければならない特徴がしばしば現れます。「救いへの飢餓《きが》」というべきものがあることも忘れてはならないのです。それはあたかも、この食べ物が美味《おい》しいと聞けばそのレストランに行ってみる、あちらの水が甘くて身体に効くと思えばすぐさまそちらに手を出す、というように信仰や救いの食べ歩きです。

そういう浮き草のような人は、待つことを知らない人です。石の上にも三年とか、達磨大師《だるまだいし》③の面壁《めんぺき》九年、というような辛抱《しんぼう》と徹底がならず、持続性がない精神の持ち主でしょう。自我が働くと、すべてに即効性を求めすぎることになります。現代人は、「継続は力なり」と「凡事徹底《ぼんじてってい》」ということを学びたいものです。物事には、すべて天の時がある、待つ心が大切であるという心がけが大切です。

自我はまた、集団的利己心としても表れます。例えば、自分の会社の利益だけしか考えない行動は、消費者の利益を損ねたり、他社の正当な利益を侵害してしまいます。大きな会社とその社員が下請業者を苦しめるのも、その一例でしょう。また、国民の自我が強くなると、自助の努力を忘れて国家に甘え、福祉への期待が肥大化し、財政の健全性を損なうことになります。

さらに、世界の各地で絶え間なく起こっている紛争や戦争においては、当事者はそれぞれ自分の正義を主張していますが、争いの原因は、多くの場合、国家や集団の、そしてそのリーダーの、さらにそのリーダーを選び支持する大衆の利己主義にあるといえます。

このような場合に共通していることは、心が自分の利害や関心事だけに集中して自分本位の傾向を強め、周囲の人の利害に心が向かわず、物事を狭い自己利益、自己の関心の視野でしか考えられないのです。

二、自我没却の目的

（一）品性向上への旅立ち

人類の生活は、生産と消費が飛躍的に発展したため、格段に豊かになってきました。それは科学技術等の発展のおかげであり、先人の努力の賜物《たまもの》でしょう。しかし、今日までの文明は、欲望を満たすために発展してきたものであり、その欲望には際限がありません。欲望の充足にとらわれていると、知らず知らずのうちに「モア・アンド・モア」④(more and more) もっと欲しい、もっと欲しいと、心が欲望の奴隷《どれい》になってしまい、どこまで行っても心の平安を保つことができません。

自我を没却し品性を完成することは、単に知識や経験を積むこととは異なって、自分の品性を根本的に改造することを意味しています。それには、もっぱら神を信じ、神の法則、自然の法則を守りながら神の心である慈悲心の実行に努力します。廣池千九郎は次のように述べています。

私はまことに知・徳不足の者でありますから、つねにその心身を諸聖人の心によりて嚙《か》み砕《くだ》かれ、聖人の心に同化させていただき、その教えのままに働かせていただいておるのであります。ゆえにいささか今日あるを致したのであります。

しかるに今人はその知識多きがために、傲慢《ごうまん》にして、聖人の知徳に対してもこれを自己の小知《しょうち》によりて判断し、その利己心に合するものだけを利用せんとするのであります。ゆえに真の幸福

もなく且つ真の安心も出来ぬのであります。（『道徳科学の論文』八冊目より要約）

昔から、「小人閑居《しょうじんかんきょ》して不善《ふぜん》をなす」（『大学』伝六章）という警告があります。小人は、何もすることのない自由な時間を与えられると、自分を向上させる努力を怠《おこた》り、つまらない欲にとらわれがちになるというのです。日本の武士道では「君子は独《ひと》りを慎《つつし》む」といい、この『大学』の精神が生きています。前に参照した新渡戸稲造の『武士道』は、日本民族の伝統の中に涵養された伝統的な道徳の精華《せいか》を、欧米人にも理解できるように紹介したものですが、私たち日本の先人が、いかに高い水準にまで道義を極めていたかを教えるものです。新渡戸は、人生において学ぶことについて、孔子の次の言葉を引いています。

学んで思わざればすなわち罔《くら》し、思いて学ばざればすなわち殆《あやう》し（『論語』為政第二）

（学問してもよく考えなければ物事は明らかとならない。しかし考えるだけで学ばなければ、正しい道が分からず人生に迷う）

すなわち、つねに道を求め、精神を向上させる意欲が必要だと説いたのです。良質の武士道教育では、知識でなく品性が、頭脳でなく魂こそを琢磨啓発《たくまけいはつ》の対象とし、教育の任に当たる教師は神聖なる性質を帯びて尊敬されたといわれます。また、武士道では、我《われ》を生みしは父母である。我を人たらしむるは師《し》である。
父母は天地のごとく、師君《しくん》は日月《にちげつ》のごとし。（実語教）

といって、家族の心における敬神《けいしん》と孝心《こうしん》なくして真の教育はあり得ない、と考えたのです。このように、日本人が培った私心を去って品性を磨く努力、そして神聖さと尊敬の精神が、近代日本をつくる教育の基礎となり、偉大な効果を上げたのです。

（二）三方善への配慮

自分中心の利己的な精神状態にあるかどうかを見分けるためには、まず心の中で、今自分が何を目的としているかをじっくりと調べてみることです。自分の目先の利益や名誉だけを目的としているか、相手の利益も相応に考えているか、さらに自分と相手だけでなく、周囲の人や社会など第三者の利益にまで公正に心を配っているかを調べてみます。すでに述べたように、第三者まで配慮することを三《さん》方善《ぽうぜん》の考え方といいます。

地球上のすべての存在は、相互依存と相互扶助のネットワークの中で支え合って生きています。自己中心の利己的な精神から解脱《げだつ》した人は、この相互扶助の事実を深く理解して、自分の幸福実現だけに終始するのではなく、つねに相手と第三者の幸福の実現をも目的とします。そうした奉仕や犠牲の精神と行動によって、自己の真の利益がもっともよく実現することを知っているからです。これは、仏教でいう「己利《こり》⑤」を体得した人ということができるでしょう。

このように、自我の没却は、自己の幸福追求だけではなく、公共的な三方善の実現に努め、全体の調和と建設のために貢献し、支え合って生きる喜びを味わうことを目指します。

自我の没却は、究極的には「小我《しょうが》を棄《す》てて大我《たいが》に同化《どうか》する」⑥といえるでしょう。小我すなわち自分の狭く小さな利の心を離れ、大我すなわち万物を生成化育する天地自然の大いなる働きに同調することです。いいかえれば、神仏の心に同化して考え、行動する方向への転換です。

したがって、例えば人に親切にする場合にも、それがほんとうに相手の利益になるか、時機《じき》に適《かな》っているか、方法は適切か、あるいは周囲の人に及ぼす影響の可否など、さまざまなことに配慮する姿勢が自然に生まれてきます。

自我没却は、つねに広い心から目標を立て、その大志に向かって生きるための準備です。宇宙は、ひと時も休まず、移り変わっていますが、人間もその宇宙と歩みを同じくして、絶えず善の創造のための新たな見方や感じ方、考え方を探求します。

また、自分が宇宙の構成員の一人であることをよく認め、宇宙的視野をもち、開かれた発想をします。公平無私の精神で、よりよく生きるための学びに努め、自分の可能性を開拓するのです。同じように、家族、地域社会、会社などの団体組織、国家においても、開かれた発想に努め、つねに他者とともに協力し、少しでも人類社会の幸福の増産に参加します。

(三) 積極思考を身につける

世に、「悲観的に準備し、楽観的に着手する」という教訓があります。これは、うまくいかないすべての場合のことを予想し、その対応をしっかり考え、あとは安心して思い切って積極的に行動するという意味です。しかし、私たちは、しばしば消極思考、マイナス思考に陥ります。これは閉じる発想、後ろ向きの考え方です。進化発展する宇宙に対して心を開かず、閉じてしまう「無明《むみょう》」の発想です。これは、宇宙の進化発展からやってくる光を受け止めず、自分の可能性を伸ばすことなく、家族、団体組織、社会、国家の発展の可能性にも目を開かない考えといえましょう。

消極思考に陥れば、自信を失います。自己の可能性を小さく限定し、自分自身と物事の発展に限界を設ける発想が強くなります。「それは難しい」「これは駄目《だめ》」と考える心です。行くべき方向に自分で壁を設け、自己卑下《ひげ》になり、ささいなことにこだわって自分を苦しめたり他人を心配させます。

特に、過去にとらわれ、済んだことをいつまでも気にします。また、逆に成功体験や楽しかった思い出だけにしがみつき、未来に対しては不安ばかり抱いて、なすべきことに踏み切らないことになりがちです。これでは、自分が天地自然、あるいは神仏からいのちを頂いているありがたさにも気づかず、また、社会や多くの人から恵みをもらっている事実も忘れることになります。

あらゆる場合に、失敗や挫折にめげない、あきらめない積極思考、プラス思考が重要です。人生にはうまくいかないことや失敗はつきものです。失敗から学ぶことによって、いっそう力強い生き方が可能になります。人生行路の真実は、「待てば海路《かいろ》の日和《ひより》あり」「楽あれば苦あり、苦あれば楽あり」ですから、くよくよしない、明るい明日が来る、陽《ひ》はまた昇る、と人生に希望をもつことです。また、「笑う門には福来《きた》る」は、医学的にも真理です。

自我没却とは、このように消極思考の閉ざされた世界から積極思考、プラス思考の明るい大平原、大海原《おおうなばら》へと進み出ることを意味します。そして、「今、ここで、こうするほかない」⑦と肚《はら》を決めて、右足一歩、左足一歩と歩むことです。そうすれば、生き生きと元気がみなぎり、心も身体も共に健康に活動することができるでしょう。

私たちは、長い人生においては、地位や名誉、財産など、外なる支えを失うことがあります。また、時として、健康や誇り、自信という内なる心の支えを失うこともあります。しかし、いかなるときにも失われない、もっとも強力な内なる力があります。それは、「自分のいのちは天地自然の力に守られ、神仏から恵まれている」という深い信頼であり、この信念にもとづく希望であり喜びです。そして、宇宙自然には人類を幸せにする元素があり、法則があり、確かな道があると確信して歩むのです。

三、自我没却の方法

(一) 物事の道理を学ぶ

物事にはそれを正しく扱うルールや道理というものがあります。それを通じて、はじめて正しい知と行為に到達することが可能です。これを儒学では「格物致知《かくぶつちち》」⑧(『大学』『礼記』)と教えてきました。道具でも機械でも、それを動かす基本があって、その基礎をしっかりと習得することで、対象であるモノの本質に関わる正しい知が習得できるということです。

例えば、卓越した宮大工の棟梁《とうりょう》であった西岡常一⑨は、「棟梁は木のクセを見抜いて、それを適材適所に使うこと」だと語っています。そして「仕事とは仕《つか》える事と書くので、塔を建てることに仕えるのが仕事で、心に欲があってはならない」と戒《いまし》めています。

人は物事に対して誠実に向き合い、それを通じて物事や人間の実際の姿や、その信実を学ぶことができます。現代流に表現すれば、「正しく科学する心」「正しい技術の心」と同じことになります。

科学では、自分に都合のよい結論を手に入れるために、実験データを捏造《ねつぞう》したり、法で禁止された分野の研究を、名誉や報酬を狙《ねら》って密《ひそ》かに行ったり、他人の研究を盗んだりしないことが求められます。科学の研究結果は多くの専門家が注目し検討しますから、こういう誤りは必ず露見《ろけん》するでしょう。研究のルールに反する精神と行為はすなわち自我であり、それを没却しなければ真理を明らかにすることはできません。

技術の開発と利用では、手抜き工事や偽物《にせもの》づくりなど、利己主義の作用を受けやすく、大いに警戒すべきです。また、科学の研究自体が、例えば宇宙ロケットの発射によってゴミを宇宙空間に撒《ま》き散らしています。稀少《きしょう》な生物を殺生《せっしょう》するなど、地球環境を害することもあります。南極大陸は廃棄物大陸になってしまったとの報告もあります。

この点で、物質の扱い方とその心が一つのよい例となります。義務教育で習う初歩的な作法ですが、理科の実験で器《うつわ》に入れた薬品の匂《にお》いを嗅《か》ぐとき、直接鼻の下にもっていかずに、手でそっと空気を鼻のほうに扇《あお》いで嗅ぐようにと教わります。

このように、小学生から中学生にかけての義務教育で学ぶことは、些細《ささい》なことのようでも自然界の真理にもとづく作法であって、我流《がりゅう》を取り去り、真理や法則に忠実であろうとする心の習慣が無用の危害を避ける知恵となります。学校での学習を、受験準備としてだけでなく、このように一つ一つ自我を没却して、生きる力を向上させるものと意味づけたいものです。

自我没却とは、心という鏡における歪《ゆが》みや曇りを取り去ることと言ってもよいでしょう。科学する心は、その点でよい訓練となるのです。例えば、ある野菜を育てるには、我流を捨ててその野菜の性質を調べ、その野菜にふさわしい土壌《どじょう》をつくり、適切に肥料や水を与えることが基本です。私たちが、内外に働く諸法則を知り、それに素直に従っていくことは、自我没却の基本方法の一つです。そのような自我没却は、私たちの生きる力を法則にそって発揮し、心身の力を高め、健康、快適で創造性に満ちた生活を開きます。

(二) 歴史の経験に学ぶ

歴史とは、過去に生まれ、生き、そして逝《い》った先人たちの、成功と失敗からなる実験の積み重ねであり、その記録です。歴史を学ぶ目的は、単に過去の人々が、いつ、何をしたかという事実を知ることにあるのではなく、何をどのように考えて実行し、その結果がどうなったかを知ることにあります。歴史からは、貴重な知恵を学ぶことができます。

よりよく生きるには、物事を空間的な広がりとともに、時間的なつながり、すなわち時の流れの中で考えることです。経験を積んだ老人の知恵、先人たちの知恵は、人生や物事の熟達者《じゅくたつしゃ》のものであり、決して軽く見てはなりません。視野を拡大して、歴史の経験と先人の知恵に学ぶことは、自我を没却するうえで極めて有効です。私たちは、「前方を見るとき、先達《せんだつ》の肩の上に立って見ている」⑩(クロード・ベルナール)のです。

歴史には、栄枯盛衰《えいこせいすい》の法則の存在することが読み取れます。歴史に学ぶことによって、いかなる者が栄え、いかなる者が滅ぶかを示す法則を知ることができます。歴史に学ぶ際には、成功と失敗の双方に学ぶことです。人間関係に例えれば、歴史は公平な第三者の立場にあたるでしょう。「歴史は鑑《かがみ》である」といわれるゆえんです。

人類の歴史には、その時代の流れを支配する大勢《たいせい》というものがあります。大勢に逆らう者は滅びますが、大勢に流されるだけの人も時代に翻弄《ほんろう》され、やがては滅亡《めつぼう》していきます。時代の変化に適応して行動し、かつ時代をこえて変わらぬ真理を見定《みさだ》めて守っていく者だけが、生き残るのです。

歴史に学ぶ目的は、物事のすべてを不断に無常、つまり変化してとどまるところのない変化と発展のプロセスとして見ることにあります。そして、政治の世界や企業経営、個人の人生においてどのような精神と行動が福利をもたらすかを学び、それを生かして未来を開拓することにあります。

私たちには、自己を発展させようとする強い欲求に動かされて、創造的、独創的な考え方や行動を探求する傾向があります。しかし、その傾向が正しい考え方と行動にもとづいていないときには、自分勝手で独りよがりなものになります。独創的な業績は、一人の頭脳を通って生まれますが、そのための素材は決して一人の力だけから得られるのではなく、先人との対話や多くの人との交わりの中から積み重ねられるものです。

その意味で、他の人々との共同学習には、大いに効果があります。これは、狭い自己にとらわれた精神をこえて、お互いに学び合い、ともに進化していく不可欠な方法です。共同学習を通して、私たちは正しい知識と公平な精神を獲得し、和と寛容と慈愛の精神、さらに前向き、建設的な態度を養うことができるのです。

（三）視野の拡大と寛大な精神

物事をより大きな空間、時間、文化の広がりの中に位置づけて考えることも、自我没却のための方法です。特に、これからの時代は、異文化の出会いがいちだんと多くなります。異なった宗教を信じる人や、異国から移ってきて言葉も習慣も違う人たちが、すぐ隣の家に住まう時代です。

ここで人間の心に共通する問題が浮かび上がります。すなわち、私たちには、自分がよく知らない物や縁遠い物、あるいは望ましくない衝撃を受けた物については、忘れ去ろうとしたり、いびつで歪《ゆが》んだ物として描いたり、価値を過小に評価する傾向があるということです。

人類社会には、今もって人種や民族、皮膚の色、言葉、習慣、宗教などの違いからくる偏見や差別が根強く残っています。このような偏見や差別は、私たち一人ひとりの意識や無意識の中に潜《ひそ》む自我であり、争いや戦争さえ引き起こす原因となっています。

偏見や差別を乗り越え、相互理解を進めて平和的に共生を実現していくためには、どのような精神が必要でしょうか。

第一に、物事や相手についての自分の見方や考え方の中に思い込みや決めつけがないかどうかを調べて反省します。「ほんとうにそうであろうか」と、謙虚《けんきょ》に反省を加える習慣をもつことです。

第二に、公正な情報を集め、増やしていくことです。焦《あせ》らず急がず、対話と交流の経験をじっくりと積み重ねていくのです。人間には個性の違いもありますが、共通するところも多く、皮膚の色や文化の違いは肉体の表面を覆《おお》う衣《ころも》にすぎない、と悟ることができるでしょう。

第三に、自分の心の中で情報をふるい分けたり、組み立てたりする枠組みを吟味《ぎんみ》します。私たちには、自分にとって都合のよいものだけを見る傾向がありますから、情報を受け入れるときも、それはしばしば部分的であったり、歪《ゆが》んでいたりする場合があります。情報を選ぶ方法を変えたり、範囲を広げたりすることが必要です。それは理性ではわかっていても、感情面や無意識の面ではなかなか変えられないため、いっそう注意し訓練したいものです。

第四に、お互いの見方の多様性を尊重することです。どのような人、どのような文化でも、共通性と特殊性を共にもっています。共通性を軸として、多様な特殊性を認め合う互敬《ごけい》⑪の人間観を培《つちか》っていくことが肝要でしょう。

和を尊《とうと》ぶ私たち日本人の心理と文化では、ややもすると他の人々と違った意見を唱えることを遠慮し、「同じ考えであること」を表して、その場を平和に収《おさ》めることに気を遣《つか》います。他人の意見を尊重し、その場の調和を重んじることは大切なことです。しかし、「なるほど」と、相手の意見を尊重し正しく理解しておいて、次に「しかし、私の見るところでは……」と、自分の立場を示すことも、これからの異文化間の対話の作法として必要です。

自国の歴史と文化にも、他国の歴史と文化にも、世界的な共通性と、国家的・民族的特殊性が共に含まれていることを考え、人類文化の多様性の保持と発展に貢献していきたいものです。

四、自我没却の効果

自我を没却すれば、何よりも創造性が芽生えます。第二章で述べた「つくる力」の発達です。自我没却により、宇宙自然の法則を明晰《めいせき》に理解し、自己中心の利己的な精神をよくコントロールして、すべての人々のいのちを真に伸ばすための門《かど》の前に立つことになります。いいかえれば、私たちの精神は低くて偏《かたよ》った水準から解き放たれます。そして、聖人の卓越した精神を通して神仏の心を学び、万物を生成化育し、善を増産する宇宙自然の創造的な働きに参画するための心の準備が整います。孔子は、

意《い》なく必《ひつ》なく固《こ》なく我《が》なし

の精神を確立したといわれます。これは真理を愛し、自己流の判断や欲の心による束縛《そくばく》から離れて、物事を広く柔軟にとらえる無私・無我の心を確立するという意味です。

自我の没却は、自己の可能性への信頼を与えます。自己中心の利己的な欲望をこえることによって、大きな視野で物事を判断し、行動に取りかかるようになります。自分が天地自然、神仏から偉大な恵み、才能を受けていることに気づき、自己に深い自信をもつことができます。そして、自己の可能性を十分に開花させ、発展させていく粘り強い生き方を生み出します。まさしく「無我の心はじめてよく良果を生ず」といえるでしょう。人間はすべてすばらしい可能性を秘めています。

同時に、あたたかい朗《ほが》らかな品性を得る結果として、自然に人望を得て、周囲の人をはじめ、多くの人の支持や協力を得ることが容易になるでしょう。

自我没却を進めれば、人間関係が創造され改善されます。「つながる力」の向上です。利己心を乗り越え、叡智《えいち》を培養《ばいよう》すれば、自分をとらわれの姿から解き放って自由にします。そこから他を認めるゆとりが生まれて、人々を愛し、希望の道へといざない、確信と希望を抱いて他の人々と協力し、共生する歩みを始めることができます。

また、自我没却は「もちこたえる力」を強めます。心を広くすれば、視野が広がり、危機や苦難を乗り越える道がいくつも開けていくことが分かり、慌《あわ》てることなく、沈着冷静に道を選ぶことができるようになります。

注①　**自我**　一般に哲学や心理学において人間を示す基本の概念で、考え、行動する主体を指す。しかし、日本では元来、仏教の影響のもと、自我は、我を張る、我を通す、我流、我執などの表現に見られるように、つねに自己中心性を宿し、様々な悩みや問題を生み出しているとして否定され、無我となることが提唱されている。

②　**煩悩**　仏教において、人間を悩ませ、苦しませるとする欲望や執念《しゅうねん》。その種類は多く、百八煩悩などといわれる。世界のすべての文化において、過剰な欲望や妄念《もうねん》が不幸を招くことは共通に考えられ、人間の欲望をどのように制御《せいぎょ》するかが課題となっている。

③　**達磨大師**　Bohdidagrma　生没年不詳。中国禅宗の開祖。南インドのバラモン出身で、六世紀に中国に渡り、大乗禅を広めた。壁に向かって座禅内観する独自の修行法を生み、「面壁《めんぺき》九年」の座禅をしたと伝えられる。

④　**モア・アンド・モア**　more and more　「もっともっと」と欲しがる人間の無限追求の業《ごう》を表す言葉。経済成長を促進する衝動でもあって、二十世紀福祉国家の拡大の底流にも、つねにこの衝動が存在したといえる（難波田春夫『危機の哲学』、『難波田春夫著作集8』「日本経済への警告」）。

⑤　**己利**　自己の真の利益のこと。眼前の自己利益に固執する利己とは対照的な言葉。『法華経』では、阿羅《あら》漢《かん》と呼ばれる高徳の人々を、己利すなわち自己の真の利益になることを会得《えとく》した姿として描いている。

⑥　**小我・大我**　いずれも仏教の言葉。小我とは、自分一人の欲望や迷いにとらわれた狭い自己・我。大我とは、我流・我見・我執を超えた自在の境地。宇宙の絶対的な我・真理。

⑦　**今、ここ**　ラテン語 hic et nunc　現在、感じ、考えていることを大切にすること。不安や動揺、悩みは、過去に心が固着すること、あるいは将来を案じることから生まれるので、現在に集中することで不要な心配、懸念、動揺から逃れて、現在の自分の力をもっともよく生かすことができるようになるという。

⑧　**格物致知**　儒学における学問・修養法の一つ。「物に格《いた》り、知を致《いた》す」の意味。実際の物事、具体的な事象に対する観察や洞察によって知見を深めること。

⑨　**西岡常一**　一九〇八～一九九五年。奈良県生まれの宮大工。法隆寺金堂の復元や法輪寺三重塔、薬師寺金堂、同西塔等の再建を通じて建築に込められた先人の叡智にふれ、その伝承と実践に後半生を捧げた。『木

に学べ』、『木のいのち　木のこころ』等の名著も多い。

⑩ **「先達の肩……」の章句**　歴史上、同様の章句を語った人物は数多い。フランスの生理学者で実験医学の創始者とされるクロード・ベルナールもその一人。アイザック・ニュートンも「もし私が、より遠くを眺めることができたとしたら、それは巨人（先達のこと）の肩に乗ったからです」と述べたという。

⑪ **互敬**　互いに相手を尊重し、愛情をもって接すること。

第六章　正義と慈悲

はじめに

私たち人類社会の根本は、正義と慈悲にあります。正義と慈悲は、つねに相伴う関係にあり、従来、義《ぎ》と仁《じん》ともいわれ、正《せい》と愛《あい》ともいわれ、各人の心には調和と安心を、社会には秩序と平和をもたらし、人類に幸福をもたらす標準です。

ところが、同じ正義と慈悲にも、人間の自己中心性を本《もと》にした正義と慈悲があり、それだけでは明らかに不完全です。それゆえ、それをすべてに公平無私である宇宙的な正義及び慈悲へと高めることが必要になります。これからの倫理道徳では、この人間的と宇宙的という二つの水準の正義及び慈悲の違いを明らかにしていくことが重要です。

人類社会の目的はすべての人が公平に扱われ、幸福な人生を全《まっと》うできる、という正義の実現にあります。しかし私たちは、従来、正義という目的を実現するのに正義を方法としてきたため、かえってその目的を思うように実現できなかったのです。世界諸聖人の教えに照らせば、正義を実現する方法は慈悲に求めなければなりません。この章では、正義という目的を実現するもっとも有効な方法は慈悲にある、ということを解明します。

一、人類共生の標準

（一）公正を願う心理

私たち人間は、生存のためのあらゆる資源をこの地球から得ています。これは、私たちが大自然の万物生成化育の働きの恩恵を享受《きょうじゅ》していることにほかなりません。この大自然の働きは、人類による活動に比べてはるかに偉大なものです。

歴史上、聖人と呼ばれ、人類の教師と称《たた》えられてきた人々は、この偉大な働きを受け止め、人間が生存し発達するための自然の道を明らかにしてきました。すなわち、森羅万象《しんらばんしょう》は、ネットワークとして互いに連絡しており、かつ互いに支え合っているため、その中のすべてが大切であることを悟り、したがって、すべてを自分と同じように尊重し、全体の調和と発展を図る、ということを教えたのです。聖人たちの精神が「一視同仁《いっしどうじん》①」と呼ばれ、「仁草木《じんそうもく》に及《およ》ぶ」と表現されてきたゆえんです。この万物の間の調和と均衡が正義の基礎であり、それを目指して万物を育てることが慈悲にほかなりません。

公正や正義は、日常の倫理道徳として、極めて重要な働きを演じます。英語の文化圏には「イッツ・クリケット」（It's cricket）という言葉があります。「公正で礼儀正しい」という意味です。また、「同感」（sympathy）と呼ばれる心理上の指針もあります。これは、心の中での立場の転換を行い、「公平な第三者」の立場に立ち、その目から見て各人の感情と行為が妥当かどうかを判断するという指針です。

東アジアの儒教の伝統にも、これと同じような考え方があり、義や正義という言葉で表されました。日本の実業家には、利は義に従って求めよという「義利両全《ぎりりょうぜん》」②の哲学が影響を与えてきました。明治の大実業家渋澤栄一《しぶさわえいいち》③は、『論語と算盤《そろばん》』などを通じ、これを天下に向けて力説しました。

私たちは、社会の中で自分が公平、平等に扱われているか、ということに強い関心をもっています。自分が公正に扱われていると思えば、だれもが満足感を覚えます。自分の所有物や権利が不当に奪われることには怒りを感じ、奪った相手を憎みます。世界の過去を見ても、現在を見ても、不公平をもとにした争いや対立を数多く挙げることができます。ゆえに、孔子は、

政は正なり（『論語』顔淵第十二）

と教え、ソクラテスも「正義」を力説しました。

人間にとって最大の価値をもつものは、徳であり、中でも正義であり、国法である。子供たちのことだって、生きるということでも、他のいかなることでも、正義という一大事に比べれば、二の次だとしなければならない。（『クリトン』）

私たち人間は、多かれ少なかれ公正・正義の問題に苦しみ、悩みながら生きています。そのため、

人類社会は、古今東西を問わず、中正、平均、公正、公平あるいは義《ぎ》、中庸《ちゅうよう》というような考えを形成し、発展させてきました。正義はこれらの観念を貫く標準です。正義は、法、慣習、しきたり、常識など、いろいろな姿で存在し、日々の生活を導いています。

正義は、人間社会に調和をもたらします。正義は、私たちがお互いどのように行動するのかについての指針であり、お互いがそれを標準として守って行動する限り、安心して暮らすことができます。また、正義は、人間の運命への問いに深く関係しています。なぜ、人には生まれながら遺伝的な病気を発症したり、健康に違いがあるのか。なぜ人々の寿命の長さは異なるのか。なぜ人々の人生には、成功の人生と失敗の人生との差が生まれるのか。なぜ差別される人とする人とがいるのか。なぜ同じ大学の入試でも合格する人と失敗する人が分かれるのか。なぜ豊かな国に生まれる人と貧しい国に生まれる人が分かれるのか。なぜ人により、喜びの多い人生と苦しみに満ちた人生とが分かれるのか。

このように、一方での不平、不満、不安の発生は、その対極にある平安、満足、安心とともに、人間の心に秘められた強い傾向です。そして、このような不平、不満、不安をどのように防ぎ、あるいは軽減していくか、そこに人類社会にとっても人間の生き方にとっても正義の課題があるのです。

(二) 社会における正義の水準と種類

正義は、安心、平和、幸福を求める人類にとっての心の指針です。人類社会の正義には、次のような種類があります。

正義の種類

①機会均等の正義
②分配の正義
③調整の正義

第一は、機会均等の正義です。これは、法のもとの平等の原則に従って、各人を平等に位置づけることです。正義とはまず、スタートの平等を保障するものです。人はみなこの世に生を享《う》けて同じスタートラインから人生の歩みを始め、人生コースの種類は違っていても、だれもが自分の可能性を生かし、天寿《てんじゅ》を全うするための等しい機会をもつという基準です。

これは、天地自然、神仏の恵みが、各人に等しく与えられるという考えです。古代東アジアには、

天に私覆《しふく》なく、地に私載《しさい》なく、日月に私照《ししょう》なし。(『礼記《らいき》』孔子間居)

という考えが共有されていました。これは公平、公正を表し、天空は万物を覆《おお》い、大地は万物を載《の》せ、日と月は万物を照《て》らすのであって、特定の個人のみを庇護《ひご》するようなことはしない、という意味でしょう。

イエスも次のように諭《さと》しました。

「隣人を愛し、敵を憎め」と言われていたことは、あなたがたの聞いているところである。しかし、わたしはあなたがたに言う。敵を愛し、迫害する者のために祈れ。こうして、天にいますあなたがたの父の子となるためである。天の父は、悪い者の上にも良い者の上にも、太陽をのぼらせ、正しい者にも正しくない者にも、雨を降らしてくださるからである。(『新約聖書』「マタイによる福音書」五章)

第二は、分配の正義です。これは、各人の努力や貢献に比例して報酬が与えられる、という応報《おうほう》の原理です。社会全体の善の産出に対する努力や貢献に応じて、所得、待遇、地位、名誉などの分配が、各人の間で正しく比例していることを意味します。すなわち、応報原理が、各人に公平に適用されることです。実力テストによって学業の成績がつけられるのも、仕事の成果によって報酬や収入が決まるという原則も、この分配と応報の正義の一種といえます。

しかし一方、すべての人の幸福を図るためには、身体障害や失業、事故や自然災害などによって援助や支援が必要な場合には、それぞれの貢献に応じてではなく、その必要に応じて、公正な社会福祉や保障の恩恵に浴することができるのでなければなりません。

第三は調整の正義です。世の中には、犯罪のように、人類社会の善を破壊したり減少させたり、抑圧したりする行為があります。社会にとっては、そういう反社会的な行為を防ぐことが不可欠です。

そのためには、国家は犯した罪に対し、苦痛としての刑罰や、反省の機会や教育を課さねばなりません。刑罰には、応報刑《おうほうけい》といって、失われた善を回復させるか、もしくは教育刑《きょういくけい》の考えから犯罪者を教育して、失われた善よりも大きな善を人類社会に生み出させることを期待するものとがあります。いろいろな分野でのいわゆる信賞必罰《しんしょうひつばつ》はこの調整的正義の適用です。

このように、正義は、社会及び個人の生き方の双方に、調和や均衡、秩序をもたらす働きをしています。

(三) 正義運用の利己心

日本の社会では、そもそも正義は、やっかいなテーマです。正義は「義を見てせざるは勇なきなり」などといって歓迎される一方、他方では敬遠されることも多いからです。

正義感の強い人は、つねに正しく行動しようとする美点をもつ反面、どうしても他人の小さな不正や怠惰《たいだ》などを許すことができず、人を厳しく責め立てるなどして、かえって対立や反目を生み出し、強めることがあります。曲がったことは絶対嫌いであるという固い性格になりやすく、協調性を欠いて、周りの人から敬遠されがちです。私たち日本人は、正義の観念は、ややもすれば角突き合わす争いの原因となりやすい、と思っている傾向があります。

考えてみれば、正義が争いのもとになるような場合には、その正義を運用する人の品性に疑問があるようです。正義を唱える人が、自己中心的で自分勝手な独《ひと》りよがりの感情であったり、その運用の仕方が人間の心情に反していたりすることが多いものです。人間の自己保存の本能は絶えず自己中心的、利己的に働きやすく、正義に名を借りて他人を批判したり、排斥したりする傾向があります。

人間社会には、偽物の正義があります。偽物の正義とは、独りよがりの正義であって、公正・公平さを主張しながらも、実は自分の利害を主張することに主眼があるというような正義です。それは、しばしば正義の観念を利用して、自分の欲望を満たそうとする利己心につながっているのです。

そのような誤った正義は、人間関係の調和や社会の秩序を乱し、人間の幸福を損なうことになります。また、社会の不正や不公正を正すためとはいっても、恨みや憎しみ、妬《ねた》みなどの感情に発して急進的、破壊的な方法を採《と》るのでは、かえって大きな混乱を招き、結局、人々に不和と悲惨《ひさん》をもたらします。さらに、集団的利己主義に立った正義では、団体と団体、国家と国家が利権や国益を争い、民族と民族が互いに排斥し合い、差別や侵略、戦争に走り、人類に対する新たな脅威《きょうい》を生み出します。

個人や集団が各自の自己中心的な偽物の正義にもとづいて、相手を打ち負かそうとするのでは、価値観、信条、主義の衝突は免れず、結局、人類の安心・平和・幸福は得られません。私たちには、利己的で独りよがりの正義の実現ではなく、互敬の精神にもとづいた人類的・地球的な視野に立った正義が求められるのです。

二、正義と慈悲の進化

(一) 応報の原理をこえる

正義は、社会を秩序立てるうえで不可欠の働きをしています。この正義を貫くのは「応報原理」です。つまり、社会の全員が協力して社会全体の善を増産し、それを各人の貢献の程度に応じてお互いへと分配し合うという原理であり、社会の基本を支える不可欠の原理です。このような正義は人間的・

社会的正義と呼ぶことができます。

ところが、正義は、次のような場合に限界を露《あら》わにします。応報の関係に乗り得ない場合には適用することができないのです。

①社会の中の各人が、善の増産にどれだけ貢献したか、あるいは善をどれだけ破壊したかを、各人ごとに測ることができない場合、善の分配、あるいは処罰の大きさが決められません。例えば環境破壊に見るように、だれがどれだけ破壊したかが判定し難く、応報原理が適用できない場合が多々発生します。

②心身に障害を抱えていたり、人生の途中で、なんらかの事故に出会い、社会の自由で公平な競争あるいは貢献に参加できない場合に、この正義の尺度を当てはめると、社会からの善の分配を受けることができず、社会の中で不利な立場に置かれ、時には生存さえ保障されません。

③人間の活動には、貢献の程度を基準としないような種類のものがあります。例えば弱者への扶助、病人の看護、子供の養育、高齢者への孝養などは、相手の貢献度に応じて行うものではありません。このような場合には、応報原理にもとづく正義の尺度は使えません。

④また、応報原理を基礎とする正義では、各人が利己的な心情を働かせて、実際以上に自分の貢献度を多めに申告する傾向が強まり、正義の尺度がうまく働かなくなります。

このような理由から、従来の人間的・社会的な正義は必要不可欠ではありますが、どうしても不完全であることを免れません。

人類社会を導いていくための指針は、すべての人を生存させ、発展させることであることが望まれます。この面から考えると、世界の諸聖人が説いた正義と慈悲は、従来の人間的・社会的な正義と比べて宇宙的であり、神仏の正義であるといえましょう。

それは、次のような点でより高い水準のものです。

①従来の正義が人類の中だけのものであるのに対し、聖人の示した正義は、人類以外の生命を含んだ地球上の生命全体を見つめ、全体の調和を図ることを目的とするものです。

②したがって、人類だけを独善的に万物の霊長《れいちょう》とし、最上のものとみなす人間中心主義には警告を発しています。

③そこから、人類の過剰な欲望追求を抑え、慎《つつ》ましやかな生き方を推奨《すいしょう》しています。この点は釈迦の教えにもっとも明らかです。

④人間の社会においては、弱肉強食《じゃくにくきょうしょく》を放任することなく、正義とともに慈悲、仁恕《じんじょ》、隣人愛など弱者への思いやりと労《いたわ》りを力説しています。

⑤自然とのつながりを癒《いや》すために、自然との調和を大切にします。また、自然や神仏の愛によって生かされていることへの感謝の心をもって人生を歩むことを教えています。

宇宙的正義の目的は、応報的な正義では排除されてしまう恐れのあるような人々をも、この世に生を享けた限りだれも排除することなく、すべて生存し人生を全うするような社会をつくることにあります。そこには、おそらく人間の目から見た応報原理を超越する原理が働いています。そこで次に、このような点に留意しながら、世界諸聖人の説く正義の内実を学びましょう。

（二）神仏の心に見る正義

世界の優れた文明や文化では例外なしに、正義というものを、天や宇宙自然、あるいは神や仏というような、人類を超越した聖なる存在と結びつけて考えてきました。これらの超越的な存在は、もちろん科学的に証明することはできません。証明できないものに深入りすることはせずとも、事実として現れた民族の歴史や世界諸聖人の教えや事跡にもとづいて、神仏の心、天道、宇宙自然の法則、あるいはダルマ④（宇宙の法・真理）というものは認めることができます。世界の諸聖人は、天地自然の秩序ある運行に思いを致し、そこに一定不動の理法や摂理《せつり》を認め、それに従うことが人類の道であることを説き、人間の利己的な正義を超越する道を示したのです。

イエスには有名な「ブドウ園の主人」のたとえ話があります。

主人がブドウ園で働いてもらうために朝早く雇《やと》った人たちにも、夕方遅く雇った人たちにも同額の賃金を支払ったという話です。当然、長い時間働いた人たちからは不満の声があがりましたが、主人はそれに耳を貸さなかった、ということです（『新約聖書』マタイによる福音書二十章）。

このブドウ園の主人のようにすれば、今も昔も当然、不満の声が上がるでしょう。同じ仕事であれば、より長い時間働いた者はより多い報酬をもらうべきである、という応報原理による公正の基準が人間社会にはあるからです。

しかし、このブドウ園の話は、神の正義と愛を示した寓話《ぐうわ》と理解されています。ブドウ園の主人とは神のたとえであり、神から見れば、朝早くから仕事を得て安心な一日を送ることができた人も、夕方遅くまで仕事を得られず、不安な一日を終えようとしていた人も、同じように生かしてくださるということを物語っています。

そして、夕方遅くまで仕事を得られなかった人とは、例えば高齢者や病人などの社会的弱者、人生上の大きな困難を抱える人など、人間社会の正義である応報の原理で一律に扱えば、かえって不公平になってしまうような人のことであると考えられるのです。これは「生きとし生けるものを生かす」という神の正義が何であるかを気づかせるたとえ話です。

また、東アジアの古代には、「恨《うら》みに報《むく》いるに徳をもってす」（『老子』六十三章）という指針があります。これは、恨みに対して報復するのではなく、むしろ相手の利益になることをして報いる、というものです。しかし、現実の人間の社会では、すべての人に公正、公平に対応することは難しい問題をはらんでいます。人類社会の現実では、正義以下で行動する人が多数存在するからです。これに対し、孔子は次のように教えました。

直《なお》きを以《もっ》て怨《うら》みに報い、徳を以て徳に報ゆ　（『論語』憲問第十四）

すなわち、正義以下で行動する人に対しては正義を守るようにとの尺度で応対し、正義を守る人には正義をこえる慈悲、慈愛の尺度で応対するというのです。これが玉石《ぎょくせき》の混《ま》じる現実の人間社会に、神の標準を実行するときの高等円満な知恵というものでしょう。

神の愛は無限であるとしても、人間が利己心を帯びている限り、人間界ではその愛は無限には働かないのであり、神の慈愛をいただくには、神の慈愛に応答できるように人間のほうも心を進化させなければならないということでしょう。もちろん、すべての場合に根本の精神は一貫して慈悲、慈愛にあります。この根本精神を持っているか否《いな》かが、すべての場合に重大な違いとなります。

(三) 宇宙的な正義と慈悲

世界諸聖人の教えによって考えれば、正義を実現するもっとも有効な方法は慈悲にあります。慈悲(benevolence)は、前述のように、もともと仏教の用語であって、「慈」と「悲」は、それぞれ「いつくしみ」と「あわれみ」という意味を含んでいます。古来、慈悲は、抜苦与楽(苦しみを抜いて楽しみを与える)と解釈されています。釈迦の説いた慈悲、孔子の仁、イエスの愛やムハンマドの説く慈愛において、究極的な意味は共通し、いずれも一視同仁の精神を表しています。

省みれば、神はあらゆるいのちをこの地球上にもたらしながら、みずからは姿すら人間の前に直接に現さず、生き物すべてが必要とする栄養素を送り届けてくれています。その姿こそ自己犠牲的であり、すべてが他を生かす働きといえるでしょう。真の慈悲とは、そこに手本を求める考え方です。真の慈悲とは、人類の利己的な情愛をこえたものであって、神仏の心を指し、宇宙間に作用している万物を生成化育する働きのことを意味しています。それは、地球と宇宙の全体を、偏《かたよ》らず調和的に発展させる働きですから、人間ばかりでなく、すべての生きとし生ける生命、またそれのみならず、さらには物質界のことまで対象とするものです。

例えば、慈悲の実践は地球環境の破壊を食い止め、自然環境を保全することを目指します。環境の保全は、次世代に対する今日世代の重大な責任であり、基本的な慈悲の行為です。そして、その際、慈悲の具体的な表現として、山に木を植えるにしても、人間の利害計算から全山《ぜんざん》一種類の木ばかりを植え尽くすのではなく、自然の生態系[5]にふさわしいように、さまざまな木を混淆《こんこう》することを考える必要があるでしょう。

三、慈悲の精神と行為

(一) 慈悲の内容とその実践

現代において、慈悲の内容と実践には、次のような柱が考えられます。

第一に、地球環境を修復保全し、生態系を愛することです。天地自然の恵みに感謝し、自分もまた宇宙間に存在する万物の徳を発現させることに役立ちたいという精神になります。人類を含むすべてのいのちが、この地球上で生存を全うし、持続的発展を可能にする道を求めます。

倫理や道徳といえば、私たちは、人間を相手とし、人間関係のことだけに限定しがちです。しかし、科学技術の開発を含めて、人類の生存発達にとって不可欠の自然界と物質技術、現代では情報技術まで包み込む広い視野を身につける必要があります。物の生産や流通、消費のあり方が、いのちの安全と心の安全を左右するからです。

最高道徳では、「人間を尊重すれども物質を軽んぜず」ということを指針とします。いまや国際語になりつつある「もったいない」という言葉に表される美徳は、人間と地球の物質界との関わりで、現代にこそ求められる感覚です。その言葉には、食べ物やその他の物質、さらに人々の苦労を無駄にすることは神仏の心にかなわない、とする深い意味が込められています。長持ちさせる、繰り返し使う、廃物を利用するというような生活の知恵は、自然界を相手とする慈悲そのものでしょう。

第二に、自己の生命を愛することです。個性を開花し、本分《ほんぶん》を尽くして自己実現に努め、自己に恵まれた生命と人生を感謝して受け止め、明るく喜びをもって生きていくことです。どんなに苦しいことがあっても、生きることをあきらめず、自分のいのちは最後まで大切にしなくてはなりません。そこから、「自分を拝む」「恥《はじ》を知る」「礼節をわきまえる」という心情を大切にすることです。

第三に、他人を愛し尊敬することです。自分の言動が他者に危害を加えないように注意し、お互いの人格やプライバシーを尊重します。そして、他人に対しては、つねに好感、満足、安心を与えることを心がけ、その人の人間的な成長と幸せを祈ります。

第四に、同胞の共同体を愛することです。自己を生み育てた家庭をはじめ、学校や職場、地域社会と国家、そして地球世界を愛することです。

慈悲は、以上のように広がりをもち、自己を愛し、他を愛し、社会、特にわが家と祖国を愛し、そして地球と宇宙を愛することです。自己を愛することはまた、天地を愛することに結びつきます。自己は宇宙を構成する一つの分子だからです。

（二）慈悲実行の心づかい

次に、慈悲実行の心づかいについて考えてみましょう。

①慈悲は、公平です。慈悲は、正義の観念に立って、公平に人間を愛することであり、人種、国籍、宗教、性別、信条などによって差別することはありません。

②慈悲は親心です。「父母の心をもって人類を愛す」ことが忘れてならない心の標準です。真の親心は、途中で心を離すのでなく、「育てあげる」というように、終わりまで尽くして完了することが大切です。慈悲は、工場で物をつくり、農場で作物をつくるとき、最後まで気を抜かないで仕上げる精神、態度ともなります。人を育てあげる心は、人の幸せを祈る心であり、そこには必ず心の中で相手を抱きとめ、受け容れる心、その成長を念じる心、待つ心が伴います。このように人を育てあげる心が、神仏の心にかなう慈悲の極致でしょう。

③慈悲は、すべての弱者に向かう心です。つまり幼児、病人、身障者、老人などです。特に、高齢者や病人、障害者に対しては、つねにそのかたわらに座す心で、行き届いたケアを心がけます。

ケアの心とは、あたたかい労《いたわ》りの心、共感する心、そして自立を援助する心です。苦悩を背負う人々とともに歩み、ともに生きることで、私たちは多くを学び、慈悲の心を育て、豊かな品性を培《つちか》うことができます。ケアする人も、ケアされる人も、人生には喜びとともに、悲しみや苦悩も避けられないことを徐々に深く悟っていきます。運・不運やさまざまな出来事が交錯《こうさく》する中、人生の複雑さや重みに耐え、人生を深く静かに受容する心を養うことができるようになるでしょう。

④慈悲は、建設的な心です。建設的とは、贖罪報恩《しょくざいほうおん》の心から、人類社会の善を産出すること、つまり、集団や社会の秩序、統一、平和の目的にかなった心づかいをすることです。物事がうまく進

まないとき、失敗、挫折に出遭《であ》ったとき、人と意見が合わないとき、つねに物事を前向きに考え、粘り強く努力する心です。

⑤慈悲は、非独占の心です。公正、正義の標準に従って、すべての人が天賦《てんぷ》の可能性を発現し、与えられたいのちを輝かせて、天寿《てんじゅ》を全うできるように気を配ります。周囲の人々の立場や気持ちを思いやることなく、自分が役割を独り占めにしてしまっては、人々が育つ好機を奪うことになります。機会は分かち合うのです。

⑥慈悲は、自分の苦労の良果を神仏に捧げ、その心をもって他人に頒《わか》ち、譲る心です。最高道徳では、宇宙の一員としてみずから苦労し、苦労して得た善の成果を神仏に捧げ、他人や社会と頒ち合って、自分や他人のいのちの価値を最大限に活《い》かし合うのです。「自ら苦労してこれ（善果《ぜんか》）を人に頒つ」ということが指針となります。

⑦慈悲は、悠々《ゆうゆう》と時節を待つ心です。物事に対処するときには、宇宙、大自然の運行とともに、確実に前進することが必要です。

(三) 正義と慈悲の運用

人間社会の目的は、正義の実現にありますが、そのための方法は人間的な正義と慈悲をこえて、宇宙的な正義と慈悲の実行にあります。

普通、私たちは、正義を実現するために、方法も正義一本槍《いっぽんやり》で押し通そうとしがちです。そのため、各々の利己的な正義が衝突し、かえって争いを生み出してしまいます。また、たとえこちらが正しい場合にも、間違ったことは断固打ち破るという「破邪顕正《はじゃけんしょう》」⑥の心で人や社会を裁《さば》くだけでは、人間関係も損ない、社会にも混乱や不利益を生んでしまいます。ここに従来の人間的正義の限界があるのです。

最高道徳では、正義を実現する方法として、慈悲を用います。「邪《じゃ》を破《やぶ》らずして誠意を移し植う」という粘り強い精神で相手に対応し、さらに「他人の欠点我《われ》これを補充す」という心で処します。私たちは、至誠心を発揮して、相手の真心《まごころ》や道徳心を引き出そうと努力し続けるのです。これは国際間の紛争でも同様でしょう。それは決して、目前の紛争を避け、波風を立てないために退《しりぞ》くという態度でなく、筋を通す対話と交渉を絶やさないことです。

もちろん、現実の社会生活においては、正義の実現にあたって、相手により対応の仕方を工夫する必要があります。先にも触れたように、著《いちじる》しい不道徳者に対しては形のうえで毅然《きぜん》たる正義の態度でのぞみ、ときには法律や裁判に訴えることもやむをえません。しかし、いかなる場合にも、こちらは真心を失わず、相手の心の更生《こうせい》と幸せを念願しながら、根気強く対応することです。

また、正義の標準にそって物事を取り扱おうとするとき、ややもすれば共感の心を忘れがちになります。私たちは、つねに物事の比較を行う、しかも自分の立場から行う、という心理傾向をもっています。他人と自分との優劣を比較し、他人を軽蔑《けいべつ》したり、自分に安心したり、他人に嫉妬《しっと》したり、自分に悲観したりします。

相手が何かで「大変だ、苦しい」と訴えるとき、「それくらいは、だれでも苦しんでいる。あたりまえでしょう」と、あたりまえという一般の基準を引き合いに出して比較し、相手の苦しい気持ちを受け入れないことがあります。そのように、相手の状態を他と比較するのでは、しばしば相手は「この人は、自分に共感をもってくれない冷たい人だ」と受け取ることになるでしょう。

そのときは、他との比較でなしに、「それは大変ですね」と、まず相手の気持ちにこちらの心の関心や焦点を集中させることがよいのです。これが人を愛することの基本となる思いやりです。

最高道徳では「寛大」の心が必要です。人に危害を加えない限り、だれも排除しないような学校、職場、コミュニティをつくることが求められます。近年、人間の遺伝子研究が徐々に進み、人間の多様さが解明され、多様な人間が共生することこそ、社会の進歩や人間の幸福に貢献していると気づくようになりました。すべての人を愛する、思いやるということは、人間の多様性を認める心です。社会の仕組みづくりでも、教育でも、職場づくりでも、そのようにすることです。例えば、学習障害（ＬＤ）に悩む人々がいますが、それぞれの特性を生かした職業を通じて、生きがいを見つけられるような社会づくりに貢献することは、慈悲実行の重要な分野でしょう。

慈悲の心には「自己反省」も不可欠です。自己反省には無用な争いを起こさないようにする効果があります。無用な争いは、貴重な人間力を人生のもっとも肝心な課題の実現のために集中することを妨害します。

争いというものは、そのほとんどが、お互いに「自分は正しく、相手が悪い、相手が不十分であり、不当である」とみなすところから起きるものです。自己反省では、争いが生まれたとき、自分が一歩退いて心を静め、こちらにも言葉が足りないとか、行いに不十分な点があったかもしれない、と考えます。かりに相手に非があり、あるいは相手に誤解があるとしても、相手を非難するのではなく、

「相手がどうか非を改め、誤解を解いてくださいますように」と念じながら対応するのです。

このように、毎日の暮らしでも、仕事でも、あるいは難しい国際紛争でも、相手だけを批判し角つき合わせるような心を収《おさ》めれば、無用な争いは解消に向かうでしょう。争いがすぐに解消しないまでも、少なくともこちらの「自己反省する心」の内部には、後ろ向きのエネルギーに代わって、前向きの生産的な活力が湧《わ》き出て、新しい善の増産に取り組むことが可能になります。

前に述べたように、慈悲や愛の重要領域は、「ケア」にもあります。現代の高齢社会になると、多くの人が死を迎える以前に、かなり長い期間にわたる老化の段階を迎えます。自分自身の生命を大切にするうえでは、食事、排泄、身の回りの清潔、整理整頓《せいとん》、その他、物事の受け取り方、考え方についてのふだんからの生活習慣が肝心であり、学習を心がけて、それに向けての態度変容を進めます。その日ごろの努力が、自分自身が寝たきりの状態になってから自分の姿を左右します。それゆえ、健康で意識がはっきりしている間に、自分自身で生活習慣に気を配るのです。これは「セルフケア」であり、セルフヘルプの根本です。

心身が思いのままにならないような弱い老人を相手にするケアは、身近な慈悲の実践の場です。しかし、何でも自分の家族内部に抱《かか》え込むのでなく、自助、共助、公助を適度に組み合わせて、公共の施設も活用しながら、老人の心身が休まるように介護に努めたいものです。さらに、親しい人の死を見送った家族は、配偶者をはじめだれでも悲嘆《ひたん》に暮れますから、その家族への思いやりとケアが慈悲の実行になります。

四、正義と慈悲の効果

最高道徳の精神は、ひと言で表すと「慈悲寛大自己反省」です。つまり、「慈悲にして寛大な心となり、自己に反省する」という謙虚で柔軟な精神です。

第一に、「慈悲」は、これまで述べたように、万物を愛し慈しみ育てること、いいかえれば、人間の幸福という究極善と、それに役立つあらゆる善を産出する働きです。

第二に、「寛大」という点に配慮します。自分も含め、各自に見られるさまざまな個性を尊重し、多様さを認め、いろいろな方向へと個性を伸ばす心です。また、人間は弱い存在ですから、誤りもし、罪も犯します。異なる人生行路を歩み、物事の実行においては人ごとに違った速さで行い、ある程度徐々に時間をかけて進むことも認めるのです。学校での学習方法にも、職場での仕事の進め方にも、共通の基準の上に多様性の尊重が求められましょう。

第三に、「自己反省」とは、絶えず自己の精神と行為について、一方では法則違反がないかどうかを調べ、他方では優《すぐ》れた点も明らかにして、自己の道徳の実行に謙虚に自信をもつことです。この点、例えば、定期的な健康診断は自己反省の一つの重要な実行点でしょう。私たちには、健康に対する不安を感じながらも、健康法則への自分の違反を知るのが怖いという心理から、診断を受けることを避け、病気の予防や治療の機会を失うことがあります。人生においては、健康だけでなく実生活のあらゆる面で、道徳実行について進んで診断を行い、品性の改善という視点を忘れないことです。

正義と慈悲の実践は、人間の幸福に関わる善の生産のための叡智《えいち》と行動力を開発し、そのような叡智を含んだ高い品性を無理なく開拓することになり、創造性（つくる力）を高めます。また、あらゆる人に対して精神的な活動のフロンティア（最前線）を広げます。真正の正義と慈悲の考えを理解し、すべてのいのちの調和と発展を思い描くことを心の習慣にする人が増えれば、その人々は人生の目標に一歩一歩近づき、人類集団としては平和と福利に向けて確実に前進することができます。

人類は、神仏の心に発する宇宙的な正義と慈悲の精神を道徳実行の指針とすることによって、よりよい社会改善を進めることができます。一人ひとりの毎日の生活においては、真にあたたかい思いやりの心とケアの心を通して、お互いに精神的な喜びを高めていくことになるでしょう。

注① **一視同仁**　立場、境遇、親疎《しんそ》の区別なく、すべての人を平等に見て愛すること。

② **義利両全**　儒教の教えにもとづき、道徳と経済が一致すべきであるとする、経済活動に倫理性・公共性を求める思想。

③ **渋澤栄一**　一八四〇～一九三一年。明治・大正期の日本を代表する実業家。明治維新後の経済黎明期《れいめいき》において、製紙・紡績・保険・運輸・鉄道など多くの近代的企業の設立を指導した。経済と道徳を一致させる道徳経済合一説を提唱したことで知られる。

④ **法**（**ダルマ**）　サンスクリットのダルマの漢訳語で、仏教の中心的概念の一つ。宇宙全体がそれに順《したが》って生成し、運行している法則を表す。宇宙の真理。

⑤ **生態系**　エコシステム（ecosystem）。生物（微生物、植物、動物）、及び生物を取り巻く無機的環境（大気・光・水・土壌・温度・気象・地形など）が相互に作用し合い、生命エネルギーの循環をつくりだしているシステムのこと。

⑥ **破邪顕正**　仏教用語。誤った見解や思想を打ち破り、正しいものを明らかにすること。

第七章　義務の先行

はじめに

品性完成の基礎づくりは、義務の先行にあります。

宇宙も、そしてその構成員である人間自身も、人類の幸福を産出する潜在的な善の元素に満ちています。しかし、私たち個人も国家社会のような集団も、その元素を十分に開拓せず、かえって抑圧し破壊することさえあります。古来、先人たちは、その抑圧や破壊を罪と呼び、その罪を贖《あがな》うことを贖《しょく》罪《ざい》①と呼んできました。それゆえ、私たちは罪を修復し、幸福な人生と安心で平和な社会を創造する課題を負っているのです。

贖罪とは、宇宙自然がその一部である私たち人類に求める義務であると考えることができます。この求めに正しく応答してこそ幸福への権利②が実現します。ところが、多くの人々は真に権利を実現する道筋を知らず、正しく実現することに成功していないのが実情です。

自己の運命を改善する道は、まずこの贖罪の心から、法則違反の個人生活や、好ましくない社会のあり方を正すことにあります。この贖罪は、私たちが負うべき義務であり責任です。このような贖罪の動機・目的にもとづく人生観を確立したとき、品性が向上し、公私にわたる権利と福利が増大し、人生に生きがいのある意味を発見し、希望と喜びがあふれます。

一、義務先行の意味と目的

(一) 義務先行と品性の完成

私たちが、万物の間のネットワークについて理解と感謝の気持ちを深めれば、同時に、それへの自分の関わり方についての見通しが得られます。すなわち、「自分は今日まで多くの存在に支えられるばかりで、その一員としての責任を十分に果たしてきたとはいえない。これは大変申し訳ないことである。自分もまた、このネットワークの中で役に立つ生き方をさせていただきたい」という願いが生まれてくるでしょう。

こうして、相互扶助のネットワークの一員としての自覚に立ち、自分にできることなら、どんなことでも喜んでさせていただきたい、という気持ちが強まってきます。これが義務先行の基本態度であり、義務という言葉が「しなければならないもの、しなければ不利益をこうむるもの」としてではなく、多くの存在に支えられている社会の一員として、喜んで奉仕させていただくものと受け止められるのです。多くの人々が道徳の実行を、このような自覚にたって、自発的に喜びながら行うとき、世界も人生もすばらしいものとなるはずです。

義務先行は、人間が真に幸福になるための土台といえます。すなわち、私たちは幸福を追い求めてそれを直接獲得しようとしますが、より有効な道は、まず、私たちを幸福から遠ざける原因を取り除き、なすべきことをなすことにあります。そうすれば、幸福はおのずから達成されます。なすべきことは、品性向上という基礎努力であって、この努力を義務とか責任といいます。

人類には、基本的人権③として精神の自由が与えられています。しかし、この自由の権利は、一方で人格や品性の完成を目指し、公私の福利を増進する自由権ともなりますが、他方で自己の享楽《きょうらく》や自己利益のために行使《こうし》し、自己を害する自由権ともなります。例えば、自損《じそん》の自由といって自己の天分を抑圧し、自己の生命身体を損なう自由権ともなるのです。

人生は思いどおりに運ばないものです。しかし、自分の境遇に不平不満を抱くあまり、日々の努力を放棄して投げやりな日々を送ることは、かけがえのない自己を愛さず、自己の人権を蔑《ないがし》ろにすることです。

人間は、現実には過失や罪を免れないという意味で、終始、不完全な存在です。中国禅を学んで帰朝した道元禅師《どうげんぜんじ》④などが「諸悪莫作《しょあくまくさ》」（諸々の悪を作るなかれ）と諭《さと》したのも、人間はつねに弱く、過失を犯しやすく、罪に染まりやすいことを戒《いまし》めたものと思われます。したがって、自分の自由権について「自分は何をしても考えても自由である」と主張するだけでは、せっかくの自由権を無駄使《むだづか》いすることになりかねません。

幸福は、人間にとって究極の善であり権利といってよいものです。義務先行の原理では、幸福という究極の善を手にする権利は、義務を正しく果たし、品性を完成することによって実現することを明らかにします。また、各自の天賦《てんぷ》の基本的人権をもっとも確実に実現するのは、法律上の義務を踏まえながら、さらに道徳上の義務を先行することにあることを明らかにします。

この義務先行説は、時代の趨勢《すうせい》に反して権利などは存在しないなどと主張して、人権の保有を否定するものではありません。人権の不適切な主張や侵害も、同時に義務の怠慢も容認するものではありません。権利と義務の関係を、法律上でも、倫理道徳上でも、より適切に実現する道を求めるものです。

（二）贖罪としての義務先行

私たちは、いわゆる無知や罪や汚れなどと呼ばれるものを抱えていて、真の人生の意味を発見できず、幸福を達成していない状態にあります。義務先行は、叡智を身につけ罪や汚れを祓《はら》うことが人間の幸福実現にとって先決であることを示し、どのようにすれば人生の意味を実現できるかを述べるものです。

この義務先行には、二つの側面があります。第一は「贖罪《しょくざい》」という側面であり、第二は「積善《せきぜん》」⑤という側面です。

贖罪とは、幸福を実現するには、まずこれまで行ってきた自他の福利を破壊したり、阻害したりという罪をつくる行為をやめ、その罪を贖《あがな》うことです。天地自然つまり神仏は、人類のだれもが等しく幸せになるようにと願っている、と受け止めることができます。そこで、自他の福利を損なうことは、そのような天地自然、神仏の恵みと期待に反する罪であり、その罪を祓《はら》わなくては福利としての幸福は訪れない、ということになります。例えて言えば、容《い》れ物《もの》に水を貯《た》めるためには、底にあいた穴をふさぐことが先決ということです。また、車でも法則違反の運転を続けていては事故は絶えず、幸せとはほど遠い危険きわまりない人生となるでしょう。まず、法則違反を改めることが先決となります。

このように、罪とは自然環境を破壊したり、不摂生《ふせっせい》をして自分のいのちを弱めたり、人間関係を壊したり、人から喜びを奪ったり、苦しみを与えたりすることです。したがってまず、そのような善を破壊する負の働きを矯正《きょうせい》することが、贖罪としての義務先行であり、第一側面の義務先行です。

この贖罪の側面での義務先行には、忘れてならない課題があります。つまり、人間を差別するような法律や慣習など社会の仕組みと、差別意識など心理上、文化上の宿題です。これは集団として協力し、改善に努めるという義務先行の分野です。この集団としての改善の義務を先行しないならば、個人でいくら努力しても人間としての可能性を抑圧される立場の人々を、その社会集団は生み出し続けることになります。

経済の仕組みが不合理であるため、人々が貧困に苦しむという場合もあります。そこでは国家と国民の義務先行が求められ、政府と国民が協力し、それに企業も学校も、すべて力を合わせ、国家全体として経済発展に取り組まねばなりません。日本の明治維新は、殖産興業《しょくさんこうぎょう》と富国強兵《ふこくきょうへい》において、政府と国民が一致団結し偉大なる義務先行を行った、世界にも稀《まれ》な実例です。

(三) 積善としての義務先行

第二は積善です。義務とは、負の側面である罪を補修することだけではなく、そこから進んで、積極的に善を増加させることであり、それをなしとげるように品性を磨《みが》き、人間力を高めることです。私たちにとってその根本は、何よりも天地自然からの恩恵である地球の資源と環境の恵みを感謝して受け取り、それを保全して、子孫世代へと譲っていくことです。

この基礎の上に、遠い祖先から親を通じて頂いた自分のいのちを伸ばし、さらにそのいのちを子孫へとつなげていくことです。そのために、先人が築いた歴史のよき遺産を受け継ぎ、よりよい社会を建設します。これが第二の側面の積善としての義務先行であり、善の増大という意味で、より積極的な義務先行になるでしょう。

ここに、私たちの義務先行を支えるものとして、不可欠の精神が浮かび上がります。すなわち、各人が公共心を養い、自分自身の幸福や福祉だけでなく、他人の幸福や公共財の改善のためにみずからを捧《ささ》げることです。各人の私的な福利は、公共財の支えによってはじめて実現されます。国家社会、人類社会の一員として公共財を大切にし、その改善に努めれば、それだけ暮らしやすい生活が生まれます。

この積善としての義務先行は、天地自然から善の元素を頂いていること、及び先人から多くの善の遺産を頂いていることに気づき、篤《あつ》い感謝の念をもつことから始まります。家庭、社会、国家をはじめ、すべての物事の成り立ちをつねに考え、必ず先人の苦労、すなわち義務を先んじて行った人々の道徳的努力と恩恵のあることを理解することです。そこから、義務の先行者を尊重する心をつくり、それらの人々を尊重する社会を建設する生き方が生まれてきます。また、先人の義務先行を知って感動することは、私たちの生きる力を高めるでしょう。

このように考えれば、地球上に住む私たち人類は、「祖先は我を生み、土地は我を養う」という自覚をもつことができます。日本では、地域・郷土という大地の働きを産土神《うぶすながみ》⑥として、祖先は祖霊《それい》として崇拝してきました。人類の感謝と信頼の根源は、ここに見いだすことができます。

こうして、義務の先行は、道徳的な共同体をつくり上げ、存続発展させるための土台となります。また、共同体にとっては、歴史意識を共有することが重要な課題となります。祖国と郷土の歴史を学び、先人・先輩の苦労の体験を尊敬し、その恩恵に感謝し、よき文化や遺産を次の世代に譲り渡していくことは、先人の恵みと期待に対する応答であり責任です。

二、権利と義務の正しい理解

(一) 天賦人権説

現代人の人生観と社会観は、近代西洋で発達した人間の自由・平等・博愛の思想を根底とし、その思想に根ざした権利と義務の考え方と切り離せないものです。そこで時代の進展を踏まえ、権利と義務の正しい関係について考察してみましょう。

人権つまり人間の権利（human rights）という考えは、すでに古代から多少とも存在していました。平等や公正については、前述の「天に私覆《しふく》なく、地に私載《しさい》なし」の言葉のように、古代東アジアの見方もありました。しかし、人権が本格的に理解されるようになったのは近代社会からです。

近代は人間の権利獲得の時代、すなわち人権の時代といえます。人権思想の基本は、十八世紀のアメリカ独立宣言とフランス人権宣言に始まり、一九四八年に国連で議決された「世界人権宣言」にもっとも体系的に述べられています。これらの宣言には、すべての人間は生まれながらにして自由かつ平等であり、人間としての基本的な権利を有するという思想が謳《うた》われ、各国の立法や裁判などに広く影響を与えています。敗戦に打ちひしがれた日本でも、このような権利と愛の精神のおかげで、子供たちがユニセフ⑦の援助を受け、ひもじい中にもどうにか勉強を続けることができました。

「世界人権宣言」は、二十世紀における権利思想の頂点を示しています。そこで取り上げられている基本項目には、次のようなものがあります。

①人は生まれながらにして自由であり、尊厳《そんげん》と権利において平等である。
②人種、性別、言語、宗教、政治上の意見、民族的条件、出身及び財産などによる差別を受けない。
③法のもとで平等に、生命、自由、安全の権利、国籍をもつ権利がある。
④「すべての人は、その人格の自由かつ完全な発展がその中にあってのみ可能である社会に対して義務を負う」（第二十九条）

この最後の条文はとりわけ重要です。私たちには自由平等の権利が「存在」し、「所有」する、といくら列挙し宣言しても、その権利はすべてはじめから「実現」しているとはいえません。この第二十九条は、それを実現するには、すべての人は個人としても、社会や国家としても、実現するための「義務を負う」ということを宣言しているのです。私たちは権利の列挙だけを見て終わりにせず、条文にある義務の側面を見過ごしてはならないでしょう。

人は生まれながらにして、天地自然から、いいかえると神仏から、等しく基本的な善、すなわちいのちとそれを支える条件を権利として賦与されていると考えられます。それは神仏が与えてくださったもの、天賦《てんぷ》のもの、自然のものです。しかし、こうした基本的な権利は天地自然から無償で恵まれ、各自が所有するものであるとともに、現実に人類の置かれた状況では、いまだその多くは可能性としてのものであって、権利として実現するには、その条件を整えるため、人類自身が努力しなくてはならないものです。

元来、天賦人権説は、人が人を抑圧したり差別したりすることをなくそうという念願から考えられました。そこで十九世紀や二十世紀には抑圧や差別を廃止するための自由権が強調されました。しかし、そのうちに貧富の差や社会的弱者の権利の問題が起きてきて、だれもがこの世で健康な欲求を満たし、尊厳ある人生を送るために、社会権・生存権というものが、強く唱えられるようになりました。そして、参政権は、そのような社会をつくる政治へと国民全員が参加するという権利であり、また義務なのです。基本的人権における権利と、それを正しく実現するための義務の関係を一覧すると、次のようになるでしょう。

人間の権利と義務

〈権利の側面〉

①自由権――生命・身体・幸福追求の自由の権利（善）

②社会権――人類社会において健康で生存権――人間らしく生存する権利

③参政権――人間社会の一員としてその建設と運営に参画する権利

〈義務の側面〉

①上記の権利を正しく実行する義務
他人のそれを侵害しない義務

②上記の権利を正しく実行する義務
他人のそれを侵害しない義務

③上記の権利を正しく実行する義務
他人のそれを侵害しない義務

(二) 権利と義務の円環

私たちが現実に幸福を築くためには、権利と義務の理解の仕方が決定的な役割を演じます。

第一に、生命の出発点からの理解です。例えば、生命が誕生し、この世での生活を開始するとき、親は出産に備えてさまざまな準備をし、母親は激しい陣痛に耐え、医師や助産師は適切な医療を加えます。これは、いのちの発現のために無力な赤ん坊を支えるための、親や医師などによる義務の遂行《すいこう》にほかなりません。私たちのいのちは、誕生のときから親世代の義務遂行を必要としているのです。また、生まれたばかりの乳児は、この世に生まれ出るやいなや天与《てんよ》の権利を発揮して、直ちに空気を呼吸し、ミルクを飲むという自然の権利と能力を正しく実行し始めます。これは呼吸器と口と喉《のど》を正しく働かせることであり、生まれて最初の神聖な権利の行使であり、また義務の遂行と考えることができます。基本的な人間の権利と義務のあり方は、胎児の生命と、このような乳幼児の生活から出発します。

第二に、私たちは、成長して職業を選び労働の義務を果たし、物をつくったり売ったりしますが、これらの活動は所得を得るための自由権の行使であり、また義務の遂行にもなっています。商店で品物を売買することも、権利の行使であるとともに義務の遂行になります。すなわち基本的権利である自由権を、品物の売り買いという具体的な形で行使するものです。

このとき、所得を得るという権利を実現するためには、その前提として、私たちは自己の創造性を発揮し、仕事の能力を訓練し、優《すぐ》れた品物をつくり、契約を正しく結び、代金を支払うという義務を先に果たさなければなりません。これはすべて義務の先行であって、正しい義務の先行なしに権利は実現せず、保障されないでしょう。

この意味で、天賦として保有する権利を、この世の実生活で実現し行使し享受するには、それを「正しい方法で実行する」という意味で、義務の遂行が不可欠なのです。ただし、心身に障害を負う人は、本人の責任に関わりなく、権利を行使できないという負担を負っているわけですが、この面の課題については後に考えていきましょう。

第三に、自分の権利を追求する場合には、他人との権利義務関係が浮かび上がります。つまり、各自の権利の実現や行使には、他人の権利を無視したり侵害したりしてはならない、という義務が伴うことです。この面の義務とは、すべての人の権利が等しく尊重されるような公正な社会の建設に努める義務でもあります。

第四に、私たちは社会の一員として、仕事や奉仕、納税や政治参加などを通して他の人々と協力し、公共の福祉という善の増加に参画しています。これは各自の私的な働く権利と義務でもあると同時に、公共財の維持・向上へ参加し、参加を求められるという意味で、公共的な権利と義務でもあります。その結果として、各人が得る報酬《ほうしゅう》や名誉、栄典《えいてん》、福利厚生は、その努力によって得た権利でしょう。

第五に、各人の権利の実現は、周囲からの扶助、信用、協力、あるいは侵害によって、大きくなったり小さくなったりします。

例えば職業・営業の自由権を行使して商品を販売するとき、各人がお客から信用を得れば、それだけ営業の成績が上がります。信用とは、各人の優《すぐ》れた仕事の能力とともに、その仕事を行うその人の人格、そして人格の中心にある品性の結果です。いくら製造し販売する側が権利を主張しても、決め手になるのは、他の人々からの信用です。また、怠慢《たいまん》により、自己の土地や特許などが侵害されるのも困りますが、「権利の上に眠る」だけの者は権利を失うという決まりがあります。正当に権利を防衛するのも、権利の所有者にとって必要な義務です。

いずれも、自己自身から発する品性の力が、権利の程度を決め、ひいては幸福の程度をも高める作用をするわけです。「宣言された権利」だけでは、幸福へのスタートの条件であるにすぎませんから、実質上の権利の実現を図らねばなりません。

結局、天賦の権利の保有とその行使とは、直ちに同一なのではなく異なるものである、という点が重要です。すなわち、私たちにとっては、権利を正しく行使し実現することが義務であり、その義務を正しく遂行してはじめて、すべての人に天賦の可能性として恵まれた権利が、可能性としてではなく現実のものとして実現するのです。

今日、生きる権利とか働く権利といわれますが、生きることも働くことも、その内実は、ともに個人が社会の財の増大や改善という共同の仕事に参画し、貢献する権利の行使であり、かつ義務の遂行なのです。その共同の仕事に参画することによって、自分に生きがいや喜びという精神的価値が生じます。このように、各人の生活においては、公共の福祉の増進に参画するのは権利であり、同時にそのために努力すべき義務が対応しています。権利と義務の本来のあり方には、この円環的な対応関係があるのです。まず、こうした考えをもつこと自体が、よりよく生きるための義務の遂行であり、道徳の実行といえましょう。

(三) 応答責任としての義務

一般に義務とは、責任(responsibility)ともいい、天地自然、人類社会、国家社会からの期待やニーズに応答(response)することです。最高道徳から考えると、私たち人間は、自分のいのちと他人のいのちを共に最高の善として尊重し生かすことを、天地自然、神仏、人類社会から期待されています。その期待に応答することが私たちの根源的な義務であり、倫理上、道徳上で罪とされてきたものは、ほかならぬその義務を怠ることであったといえましょう。

例えば、せっかく恵まれた自分のいのちを傷つけたり、いのちのもつ大きな可能性を生かさなかったり、芽生えさせなかったりすることは、天地自然や神仏からの期待に応《こた》えないことであり大きな罪である、とする立場もあるでしょう。罪とは、恩恵を生かさず、増やさず、天地自然や神仏の期待に応答しないこととみなされるからです。先人は、

身体髪膚《しんたいはっぷ》これを父母に受く、敢《あ》えて毀傷《きしょう》せざるは孝《こう》の始《はじめ》なり。(『孝経』開宗明義章)

と教えています。

このように考えると、道徳としては、自由の追求や幸福実現は神聖な意味をもつ基本的権利であるとともに、基本的義務としても受け止めていくのが、自然な考え方ではないでしょうか。従来の天賦人権の宣言類は、時代の背景も作用して、権利を列挙し表明することに急で、義務のことを明確に述

べていないため、義務の面は不要なのである、というような誤解を広めてきました。

しかし、「世界人権宣言」第二十九条がそうであるように、人類は今や天賦の基本的義務というものを正しく認めることを考える時代を迎えているのではないでしょうか。すなわち、権利を軽視したり無視したりするのではなく、天賦の権利の性質と成り立ちを正しく理解したうえで、その権利をより完全かつ調和的な方法で実現するための道を探求する責務があるのです。

世界諸聖人の教説には、「原罪《げんざい》」⑧というものを強調するキリスト教の系統がある一方、釈迦、孔子、ソクラテスなどはそういうものを力説していません。しかし、罪というものを天地自然の求めるところや神仏の心に逆らうことだと考えると、孔子にも釈迦にも、ソクラテスにも、そして日本古来の道徳思想にも、罪というものについての教えが存在します。その罪が原因となって生み出す善の破損という結果の因果関係は、注目すべき人類規模のテーマでしょう。

現代の人権論でも、罪の問題が考慮されており、権利の侵害あるいは権利が実現されていない状態（未実現）が問題にされています。人は自由平等なりと宣言しても、現実には障害や差別の中に生まれることがあります。人権論は徐々に発展し、そうした侵害や未実現を放置し、解決しないことを社会集団の罪としてとらえ、その現実をいかに改善するかが不可避の道徳問題とされるようになりました。これは人類社会の一大進歩といえましょう。

責任や義務については、個人責任（自助）、共同責任（共助）、国家的責任（公助）というように事実の関連を階層的に理解する必要があります。物事の発生する仕組みに応じて、責任の範囲を的確に定めることが求められるのです。何でも国家社会の公的な責任として国家機関に義務遂行を負担させたり、自治体などに共同責任として負担させたりするのは誤りです。

他方、個人が人生における出来事のすべての原因をつくったとみなし、何事も個人責任とされることも無理な場合があります。すべてを個人責任に解消し尽くすことなく、事実に即して共同の解決策を構築しようとする発想が必要です。しかし妥当な個人責任も無視してはならないのはもちろんです。

原因の由来と結果の影響とを明確にし、その因果関係と責任負担とを適切に配分し、責任逃れをなくし、逆に過剰な責任負担を課さないことです。この点を精確にして、社会も個人も真に権利を実現するために、喜んで義務を遂行するようにしたいものです。

三、義務先行の方法

(一) 応答責任の先行

義務先行を日常生活の中で実行していくには、まず、私たち自身の考え方を、大きく転換することが求められます。生きるということは、天地自然から恵みを頂いてそれに応え、また社会という共同体からの期待に応えていくことです。このように考えを変えること自体が、義務先行の第一歩であり、生きる意味を知るということにもなります。

前述のように、私たちは、第一に、根源においては宇宙の一員として、天地自然や神仏からの善の恵みに応答する責任があると考えられます。これは、「宇宙的義務」と呼ぶべきものです。宇宙的義務を遂行する生き方とは、みずからの努力の結果を天地自然、神仏に捧げるという精神で日々を生きていくことです。この宇宙的義務を果たすことは、人間の生きがいと喜びの根源となります。

次に社会においては、私たちの生活は、夫婦や親子など家族、職場の人々、近隣の人々、その他の多くの人々に支えられてはじめて成り立ちます。同時に、それらの人々からのニーズ、つまり要請・期待に応えることによって生活しています。したがって、家族をはじめ他の人々の求めに応答しながら、その幸福実現のために努力することは、私たちの第二の責任であり、義務先行です。

義務先行の基本は、「労《ろう》をも資《し》をも神に捧げて施恩《せおん》を思わず」という精神で奉仕します。労とは労働や労役《ろうえき》、資とは資産・資本のことですが、自分も宇宙の一員として、すべてのものを生み育てる天地宇宙、神仏の働きに参画させていただくという精神をもって、個人のみならず人類全体の幸福という公共善の増大のために、喜んで身を捧げ、そうした精神でいっさいの物事に取り組んでいくことです。このような考えをもって生きることが品性向上の基礎となります。

（二）自己本分の遂行

義務先行とは、義務先行による品性の向上をもとにして、権利の実現へ、そして幸福実現へと歩むという考え方です。したがって、義務先行の生き方とは、各人が、宇宙の分身・分霊として、「天功を助ける」つまり宇宙自然の創造の働きに参画するという精神となり、各人の立場や職務に応じた日々の務め、すなわち本分を尽くすことです。

そのためには、まず根本において、自分自身の人生を大切に思う心を強くもつことです。すべての努力はここから出発します。私たちの人生は、この世でただ一回限りのものであり、また宇宙の長い歴史から見ればほんの一瞬の光です。その意味でも人生は限りなく尊く、ありがたいものです。

自分のいのちは、天地自然、神仏から各自に与えられたものであり、自分のものだからどのように使ってもよいように思われます。しかし、いのちは本来、天地自然の働きが祖先を通じて現れ、そして、「預けられたもの」と考えてよいものです。私たちは、天地自然と、親祖先から受け継いだその心と体を大切にして、預かったいのちを最後までよく生き尽くし、人生を全《まっと》うするために努力する任務があるでしょう。私たちは、この貴重な人生をよりいっそう価値の高いものにしていく義務があると考え、それを生きる姿勢の基本にしたいものです。

そのうえで、各自がそれぞれの立場において、現在の職務や学業、家事などの務《つと》めに精励することです。人類の社会は、相互扶助のための分業によって成り立っています。社会から期待された自分の務めに励むことは、自分ばかりでなく、必ず他の人の幸福につながっています。また例えば、家族のためにおいしい料理をつくり、家を清潔に保つことも、立派な義務先行となり、家族の生きる力を充実させます

現在、家庭の教育力の低下が危ぶまれていますが、親自身が誠実に人生を送り、自信と責任と希望をもって子供の養育にあたることが、親として大人としての大切な本分であり、義務先行です。幼く無力で親に依存する子供たちも、やがて親を支え、社会を支え、人類を支える成人に育っていきます。親が子供を育てることは、自分の家庭の幸・不幸という個人的な事柄をこえて、「人類的、宇宙的な責任」を果たすことであり、そこから深い喜びが湧き出てくるでしょう。

(三)　運命の正受と改善

人間の運命には、因果関係の分からない事例が山ほどもあります。例えば、自然災害や事故などによる人生の挫折、あるいは心身障害による心身の苦痛などです。

私たちは、個人としても集団としても、人生の途上でさまざまな困難に遭遇したり、思いもかけない苦難や不運の境遇に陥《おちい》ることがあります。それらの問題や災害、苦難を招いた原因は、必ずしも自己にあるとは限りません。しかし、たとえ自己が直接その原因を生み出したものでないようなことに対しても、最終的には自分に降りかかる事柄では、自分がその境遇を背負い、解決し改善しなければならないことがあります。ここでは、原因と結果のつながりを詮索《せんさく》しすぎて、迷ったり焦《あせ》ったりすることは、よい解決策とはなりません。

私たちは、原因のいかんにかかわらず、あるいは原因が明らかでなくても、一個の人間として、自分や集団が置かれた状況を丸ごと受け止め、そこに深い意味を見いだし、自分や社会の福利の増加に役立てることが求められます。他の人々は手や心を差し伸べ、近づくことはできますが、その苦しみや不安は結局、自分で引き受け、改善していくほかありません。

自律した人格、高い品性を確立し、こうした物事の広大な意味を悟るならば、人生の難局や望ましくない境遇に対しても、勇気と責任をもって立ち向かうことができるでしょう。

四、義務先行の効果

義務先行の精神を培養していけば、何より「もちこたえる力」が高まり、謙虚さ、平静さを備え、忍耐強い品性ができあがります。個人としても、また社会集団としても、故意に、あるいは知らず知らずのうちに積み重ねた法則違反や過失や罪などがあるかもしれない、ならば進んでそれを償《つぐな》おうという贖罪の精神に徹し、次に積極的に善の増進を図り、人々の幸福や社会の発展に献身します。

その結果、人生に対する後ろ向きの不平不満がなくなり、明るく喜びの多い前向きの精神が生まれます。人は、しばしば「こんなに努力したのに、なぜ思うようにいかないのか」というような不平や不満を抱き、みずからの境遇や社会を恨んだり、他人の人生をうらやましがったりすることがあります。義務先行による贖罪と奉仕、献身の生き方は、そのような不平や不満を解消し、困難に対しても喜んでその改善に取り組む活力を生み出します。

義務先行の生き方は、静かな勇気を生み出します。「率先《そっせん》善を認め勇を鼓《こ》してこれを貫《つらぬ》く」という生き方です。何事もまず自己より始める精神をもって進み、自分の過失や欠陥はもちろん自分で修正し改善しますが、社会の欠陥を改善するのにも、自分が進んで行動し、人々と協力します。

義務先行の生き方は、また各自の責任と本分を尽くすという精神を生み出します。贖罪と積善という双方の考えから、天地自然の恵みに対して個人的、集団的に応答するからです。いいかえれば、自助と自己責任の精神を堅持《けんじ》し、人々と力を合わせて共助と公助に尽くす、という広い心が育ちます。

義務先行は、神仏とともに歩むという安心の境地を開き、たゆまぬ実践を可能とします。すなわち、自己の運命に対する深い自覚から出発して、自分の日々の言動も人生も、すべて自分の力だけで左右できるものではなく、天地自然の力、すなわち神仏の力によるものであるという謙虚な精神に徹《てっ》するようになります。そういう安心感から、私たちの精神は真に平和・温和となり、品性が向上し、人生を生きる本当の実力がついてくるでしょう。

注
① **贖罪**　一般に、善行を積んだり、代償や犠牲を捧げたりすることによって、罪や過失を償うこと。罪滅ぼし。キリスト教では、イエスが十字架上の死によって人類の罪を贖い、神の救いをもたらしたとされる。
② **権利**　保障されている一定の便益、及び便益を受けることができる力、資格。また、ある事柄を自分の意志で行うことができる、または、行わないことができる能力、自由。
③ **基本的人権**　fundamental human rights。人間が生まれながらにもつとされる権利。自由権、社会権、参政権に分けられる。人は生まれながらにして自由かつ平等であるという近代自然法思想によって生まれ、アメリカの独立宣言、フランスの人権宣言などにより確立された。
④ **道元禅師**　一二〇〇～一二五三年。鎌倉初期の禅僧で、日本曹洞《そうとう》宗の開祖。比叡《ひえいざん》山で学び、のち栄西《えいさい》の教えに学ぶ。曹洞禅の道場永平寺を開く。主著『正法眼蔵《しょうぼうげんぞう》』。
⑤ **積善**　善行、善事を長い間つみ重ねること。また、つみ重ねられた善行、善事。
⑥ **産土神**　生まれた土地の守り神をいう。近世以降は、氏神、鎮守《ちんじゅ》の神と混同して使われる。

⑦ **ユニセフ**　UNICEF（United Nations Children's Emergency Fund　国際連合国際児童緊急資金の略称）。現在の呼称は、国連児童基金。一九四六年設立。当初、第二次世界大戦の犠牲となった児童の救済・福祉・健康改善を主な目的としたが、のち開発途上国などの児童の援助に拡大された。

⑧ **原罪**　キリスト教では人類最初の罪とされ、最初の人類アダムとイヴが神命に背き、蛇に唆《そそのか》されて知恵の実である林檎《りんご》を食べて罪を犯したことで、以後の全人類に及んでいるとされる（イエスの死によって、すでに罪は贖《あがな》われているとする説もある）。原罪とは、人間の弱さや欲望によって神の意志に反し、神から遠ざかっている状態を表している。そこから、キリスト教の文化では、精神的向上に努めないことも罪、あるいは悪とされる考え方が生まれている。

第八章　伝統報恩

はじめに

モラロジーでは、品性完成の王道として、人類社会に「伝統[①]」という恩人の系列の存在を認め、伝統への報恩を実行します。人類の長い歴史の経験から明らかなように、人類の存続発展には、もっとも根本的な原理として、伝統報恩という世代をつなぐ原理が働いているからです。

人類社会には、天地自然、神仏から無償の恵みとして、資源、いのちなど潜在的な善の元素が与えられていますが、その善の元素を代々受け継ぎ、芽生えさせ、育成してきた恩人の系列が存在します。この系列が伝統という存在にほかなりません。先人はこの無償の恵みのことを恩と呼び、報恩に努めてきました。報恩とは、その善の恵みを感謝の心で受け継ぎ、育て、次の世代へと譲り渡すことです。

報恩では、まず、伝統の存在の意味と活動をよく学び、よく知ることです。そして、三段階にわたる活動を実行することです。すなわち万物を生成し化育する宇宙自然の恩恵である精神的・物質的元素を感謝して受け取り、それを成長させ、実りを現世代と子孫世代に譲る、という三段階です。この報恩が、善の永続的な創造であり、個人の幸福と人類の持続的発展を可能にする王道です。

一、伝統、恩及び報恩

（一）伝統とその種類

私たちが自己中心性をしだいに脱却し、みずから置かれている状況を広い視野から見つめられるようになるとき、そこに見えてくるのは、自分が空間的、時間的な広がりをもった相互依存のネットワークによって支えられているという疑いようのない事実です。

ネットワークの中には、私たち人間が、共通に大きな恩恵を受けている恩人の系列が三つ存在することが分かります。第一は、親祖先など家庭生活における恩人の系列、第二は、国家社会の生活における恩人の系列、そして第三に、精神生活の恩人の系列です。これら家庭生活、国家社会の生活、そして精神生活における恩人の働きは、私たちが相互依存のネットワークから授かる恩恵の根幹をなすものです。

私たちが、これらの恩人の系列に対して尊敬と感謝の心を抱き、その恩恵に報《むく》いるとともに、みずからそのような恩人の生き方を学び、実践すること、これを「伝統報恩の原理」と呼びます。

今日一般に、伝統とは、「あの国は伝統的に何々に優《すぐ》れている」など、主として世代を重ねて文化や価値、風俗、習慣、思想、学問、芸術、技術、生活などが受け継がれていることをいいます。そうした伝統の考えは、人々が代々苦労して受け継ぎ、開拓してきた物事の価値を今の世代がしっかり受け止め、次の世代に送り、それらの価値をよりよく実現する努力を払うことを表しています。

このような伝統の一般的な意味と働きをさらに深く掘り下げて考えれば、尊い事実が明らかになります。すなわち、宇宙自然あるいは神仏の万物化育の働きを継承して、無償の恵みをこの世に実現し、人間生活を根本から支える恩人の系列が存在することです。その系列がここにいう「伝統」です。古来、恩、恩恵、恩徳などと呼ばれているものがあります。私たちが無償で頂いている精神的・物質的な善のことであり、報恩とはそうした恩に対して感謝し、天地自然、神仏はじめ恩人の期待に応答していくことです。この感謝と応答の生き方によって、世代をこえて人間の生存と発達を促進し、人類の安心、平和、幸福を築いてきたといえるでしょう。

その恩恵の系列には、次のようなものがあります。

人類社会の構成と伝統の種類

宇宙自然（神仏）
- 家（家族共同体）の伝統——親祖先の系列
- 国（国家共同体）の伝統——国家主権者・国民道徳の中心系列
- 精神伝統——世界聖人に始まる精神生活、つまり宗教や道徳の恩人の系列
- 準伝統——その他、生活上で直接、間接に恩恵を頂いている恩人

恩恵の系列の根源は、宇宙自然すなわち神仏です。宇宙自然の働きに深く目覚めた人々は、森羅万《しんらばん》象《しょう》すべては神仏の心の表れと受け止めてきました。世界の文化の歴史を見れば、そのような心の表れ

は、事実として認めることができます。

次に、人間の実生活においては、家族共同体における親祖先という恩人の系列が認められます。この恩人の系列が「家の伝統」です。家族は血縁と文化と教育の共同生活からなるものであって、人類は家族を通して、血縁的、文化的、教育的なつながりを形成する中で、いのちを育ててきました。私たちがこの世に生存しているのは、過去に無限の祖先が困難や苦労に耐えて代々いのちを伝え、養育してきた結果であり、もっとも近くに私たちの父母がいるわけです。

次には、国家共同体における恩人の系列があります。その代々にわたる恩人の系列が「国の伝統（国家伝統）」です。人類は、一つの民族あるいは諸民族の連合をもとにした国家共同体を通して、いのちを継承し、文化を形成し、精神と生活を形造ってきました。そして、どの国にもその中軸《ちゅうじく》に、民族や国民を結びつける恩人の系列が存在しています。

さらに、実生活のすべてにおいて、人類の精神生活を導いてきた人々の系列が存在します。中でも、世界の諸聖人は、人類共通の恩人であり、神仏の心に順《したが》い、私たち人類に高い品性を示し、もっとも高いレベルの道徳を教えました。諸聖人とその教えを受け継いで、私たちの精神生活を導く人々の系列が「精神伝統」です。精神伝統の教えは宗教、哲学、科学、道徳等を通じて後世に伝えられています。

このほかに、社会生活や日常生活において直接、間接に頂いている恩があります。私たちは、地域社会や国際社会において、学校、職場などの日常の暮らしに対してさまざまな恩恵を受けています。このような恩恵を授けてくれる恩人は、前述の三伝統に準じて尊重し、「準伝統」と呼びます。

(二) 世代をつなぐ恩と報恩の道徳

人類は、これら諸伝統から、生存発達を支える知識、文化、制度、物財など、各種の善を創造する働きを受け継いで育て、後世《こうせい》に譲り渡す営みを積み重ねてきました。私たち人類が歴史を開き、永続し発展するということは、すべての善を生み育てる広大な創造の働きを実行し続けていくことにほかなりません。伝統の原理は、永遠不滅の世代間倫理②といえるでしょう。

全人類のうち、優れた民族、国家及び家族は、歴史の中からこうした伝統の働きに徐々に気づき、それを基本的な倫理道徳として取り出し、様式はさまざまであれ、定着を図り実行してきました。もっとも身近な血縁集団である氏族や家集団では、古来それは、忠義とか孝行の道徳として行われました。先にも述べたとおり、家族を尊重する東アジアの道徳では「孝は百行の本《もと》」と力説されて、血縁集団の倫理となり道徳となりました。南アジア一帯のヒンドゥー教と仏教の文化でも、親を尊敬し報恩しなさい、との教えは重んじられています。

古代中東では『旧約聖書』の「モーセの十誡《じっかい》」に、父母を敬い愛しなさいという律法《りっぽう》を含み、イエスの『新約』でもその精神が受け継がれました。中東におけるイスラムの教えでも、親への尊敬と愛は不可欠の倫理です。

日本の古代からの神道的な倫理道徳でも、その後の儒教、仏教が移入された時代の家族道徳でも、氏族と家族の祖先への崇拝と親への孝行を非常に尊重し、古代より皇室の行う祭祀がそれを総合し象徴していて、日本には恩と報恩という考えが根強く生きています。

次に、国家という集団は、古今東西、氏族や家族が連合し統合されてできあがる人間集団ですが、ここには孝行をこえた忠義や忠誠、忠節《ちゅうせつ》というような政治的な倫理や道徳が形成され発達しました。古代ギリシア・ローマに見られるような民主制でも、王制でも、貴族制でも、国家への国民の忠誠が謳《うた》われ、その中軸として王や指導者への献身と奉仕が唱《とな》えられました。

そして同時に、王や指導者には、国家と国民に対する誠と仁と愛が求められます。郷土の地域社会や、経済上の団体でも、宗教団体、芸術団体、学問や教育の団体などでも、多かれ少なかれ忠誠の道徳は不可欠なものといえるでしょう。

現代の人類社会では、古くからの団体組織が急激に変質しているように見受けられます。先進諸国では、家族が核家族化し、少子化のために高齢者の数と若い世代の数の均衡が崩《くず》れ、従来の家族を構成するための精神や社会福祉の仕組みが円満に働かなくなりつつあります。また、急速に進歩する科学技術によって、人々の生活様式や生産活動の仕組みなども急激な変化に見舞われて、各国とも世代間の倫理というものが揺らいでいるといわれています。今ここに述べる伝統報恩の原理は、これらの人類的な課題に取り組むための重要な指針になるものです。

(三) 報恩の三つの段階

宇宙自然は、すべての生命体に対して、生きる糧《かて》を恵みます。人類はそれをもとに文明と文化を発達させ、子孫に譲り渡します。この人類の努力の継続によって、私たちの幸福は築かれます。人類の幸福の根源は、天地自然の恵みであり、この恵みを生かし善用することが報恩ということです。

報恩とは、土地に生態系と物質及び生命のつながりを、先祖に血縁と文化のつながりを見いだし、それを維持発展させる活動であり、その基礎には地球の物質系、生命系、血縁及び文化という四層のつながりが働いています。地球環境問題が厳しくなった二十一世紀には、宇宙、地球、人類に一貫する恩と報恩の思想が求められ、第一章で述べたように「善を受け継ぎ、善を育て、善を譲る」という「善の再生産」に関する三段階の観念が、今後の倫理道徳を構成するうえで不可欠な考え方となるべきでしょう。

また、伝統報恩とは、諸伝統の恩恵に深く感謝し、その恩恵に報いようとする生き方です。より深く意味づければ、宇宙の中に生命を得た私たち人間が、自分もまた宇宙を構成する一員であるとの自覚に立って、宇宙自然が行う万物化育の働きに参画することです。このように考えることで、みずからのいのちが新しく意味づけられ、「人生の意味の実現」が完成していくのです。

報恩には、第一に、故人・祖先への報恩があります。それは、祖先の霊を慰め、恩恵に深く感謝することです。そして、故人が代々実行してきた生成化育の働きを見習い、今度は私たちがそれを受け継いでいきますと誓いを立てて、日々その実行を祖先に報告し、喜んでいただくことです。古今東西を通じて、祈りとか祭祀というものの本質はここにありましょう。

第二に、現存する恩人への報恩があります。それは、恩人に感謝し、尊敬し、孝養を尽くし、安心を得ていただくことです。私たちは、単に「世話になったからお返しをする」という精神で恩人の生活を支え孝養を尽くすだけではありません。その恩人を、万物化育の働きの継承者として尊重し、その人の健康、長命、安心、幸福を願い、その方々が身を終えるまで、元気で万物化育の働きを全《まっと》うしてほしいとの希望から、孝養を尽くさせていただくのです。

さらに、第三に、将来世代の育成に献身することです。これこそは伝統の精神を継承する報恩の完成です。若い世代の育成を通して、古い世代もまた生命と精神の育つ姿を知って喜び、みずからも品性を成熟させていくことができるのです。

このように視野を広げれば、報恩の対象は故人、現存の恩人、後生《こうせい》や子孫など次の世代の人々にまで及ぶことになり、その感謝と報恩のエネルギーによって、いのちの永続が可能となっていくでしょう。今日では、自分の目先の楽しみを追い求めるだけの誤った個人主義を克服し、世代間倫理の断絶を食い止め、家族や国家の存続発展を図ることが極めて重要です。

二、実生活と伝統報恩

(一) 家の伝統に対する報恩

家の伝統に対する報恩には次のような局面があります。

家の伝統への報恩は、前述のように、第一に祖先の霊に対し、その大恩に感謝し、その霊を祭ることです。家族とは、祖霊《それい》と家族員の精神とからなる精神文化の共同体でもあります。このような親や祖先を思う真心《まごころ》が、まとまりのある安定した家庭を築くもとになります。そして、あわせて高齢者への報恩です。自分の親に対する尊敬の念を拡大して、すべての高齢者を敬愛していくことも報恩の実行になります。老人は、いのちの存続、社会の発展のために、私たちに先んじて苦労された先輩世代だからです。

第二に、現存する親に対する報恩です。この親孝行の要点は、父母を敬愛し、安心と満足をしていただくことにあります。それには、親祖先から与えられたいのちを大切にし、品性を磨き、社会の中でしっかりと責任を果たす人間になることです。日常生活では、つねに親の心を思いやり、必要なことは連絡し、報告し、相談して安心を与え、希望と喜びをもって日々を送っていただくことです。親には、すべて信頼してもらえるように誠意をもって話し合い、行動することです。

第三は、夫婦の関係です。夫婦は、お互いに家の伝統の精神を継承して、仲睦《なかむつ》まじい家庭を築く責任があり、そこに深い喜びもあります。互いの背後にはそれぞれの親祖先の恩恵のあることを自覚し、互敬の精神と慈愛をもって人格を尊重し合うのです。

第四は、家族の中で子や孫を育て上げることです。子育ては途中で放棄せず、責任をもって育て上げることであり、これが家の伝統への報恩の完成です。また、親や祖父母は、子育てや孫育てを通して、深い喜びを経験し、そうすることで自分育てをすることができます。家庭の教育では、心身の健全な育成とともに、徳育つまり品性の教育が重要です。徳育の中心は、神仏と親祖先に対する感謝・報恩の精神を基本にして、親祖先から受け継いだ生命力と慈愛の心を子供の世代に伝え、生きる力を育てること、また、子供を国家や社会に貢献できる人間に育てることです。

親は子供を育ちゆく一個の人格として尊重し、一時の感情に翻弄《ほんろう》されることなく、成長の段階ごとに落ち着いて教育にあたります。あらゆる教育は模倣《もほう》から始まります。子供は、親の言動を善悪の区別なく模倣します。子供にとって、親は人生初の教師といえるでしょう。

さらに、次世代の育成という点では、特に自分の子供に恵まれない人は、「精神的な子孫を育てる」ということも、今後の課題として受け止めたいものです。地球上の人類社会の子孫は、すべて宇宙自然の子供であり、子供のある人でも、実の子供の枠をこえて次の世代を養育する事業に献身したいものです。これは聖なる献身であり、道徳です。

（二）国家伝統に対する報恩

私たちが毎日安心して生活ができ、幸福を求めて歩むことができるのは、国家がしっかりと独立を保ち、秩序と平和を堅持《けんじ》しているからです。したがって、人類は、各国民とも、建国以来の国家伝統の働きをよく学び、その大いなる恩恵に感謝し、祖国を愛し、国家の権威を尊重する心を培養しなければなりません。これが、国家伝統に対する報恩の基本精神であり、祖国愛、愛国心というものの中軸になります。この点を外せば、世界各地に見るように、国家は権力争いの修羅場《しゅらば》に堕《お》ち込むでしょう。

国家伝統への報恩とは、国家伝統が代々実行された道徳を尊敬し、その道徳を国民が受け止めることです。そして、国民としては、品性を開発して各自の本分を尽くし、躍動《やくどう》的な創造力を発揮し、国家の存続発展に参画することにあります。

国家伝統の形態は、政治制度により各国で異なります。しかし、共和制であれ君主制であれ、あるいは両者の混合である立憲君主制であれ、国家伝統の本質と報恩の根本精神は共通しています。国民としては、国家伝統の個々の人ではなく、代々の系列にある人々全員の精神を一体のものとして認め、その具現者《ぐげんしゃ》として現在の国家伝統を尊敬することです。

国の形と伝統の種類

君主制　　――――君主の系列
立憲君主制――――君主及び大統領もしくは首相の系列
共和制　　――――大統領もしくは首相の系列
社会主義国――――国家主席もしくは国家組織の長などの系列
現代日本　――――国家の象徴である代々の天皇の系列

このとき、国家伝統の地位にある方も、国民も、すべて共々に協力して宇宙の一員として国家社会に善を産出し、次の世代に譲り渡す働きを実行することです。国家伝統への報恩とは国民だけの道徳ではなく、代々の国家伝統である方々も、両者をつなぐ政治リーダーも、共に行うべき報恩なのです。すなわち、国家伝統の先行する世代に学んで、その崇高《すうこう》な働きを受け継がねばなりません。

例えば、「為《な》せば成《な》る　為さねば成らぬ何事も　成らぬは人の為さぬなりけり」の言葉で知られる上杉鷹山《うえすぎようざん》③は、十七歳で米沢藩主《はんしゅ》となったとき、

受次ぎて国の司《つかさ》の身となれば　忘るまじきは民の父母《ちちはは》

という歌を詠《よ》みました。これは、藩主としての自分の仕事は、父母が子を養うごとく、人民のために尽くすことであるというみずからの決意を述べたものです。また、三十五歳で藩主の座を退いたとき、後継者に次の三箇条の言葉を贈っています。これらは、「伝国《でんこく》の辞《じ》」と呼ばれ、上杉家代々の家訓となりました。

国家は、先祖より子孫へ伝え候《そうろう》国家にして、我私《われわたくし》すべきものにはこれなく候
人民は国家に属したる人民にして、我私すべきものにはこれなく候
国家人民の為に立たる君にて、君の為に立たる国家人民にはこれなく候
（国家とは先祖から子孫に伝えるものであって、君主が自分勝手にするものではない。人民は国家に属しているのであって、自分勝手にするものではない。国と人民のために立てられている君主であって、君主のために立てられている国や人民ではない）

日本の封建時代にあって、このように藩主としての務めと責任を明確に意識していたことは注目されるべきことです。そして、これは日本皇室を源流とする国を治めるための思想が、つねに日本の文化の底流に流れていたことをうかがわせます。

一方、今日、多くの未成熟な国家に見られるように、リーダーとしての任務に応えないような国家伝統が続けば、革命さえ勃発《ぼっぱつ》し、やがて伝統としての地位を保つことが困難になるでしょう。また、政治指導者たちがこの点を忘却するならば、利己主義から党派間の権力闘争に没頭し、国家の危機を

招くことになるでしょう。

真の国家伝統はつねに国民の暮らしに思いを寄せ、その幸せを願って努力する存在です。日本語には、古くから政治の根本として「知らす」「しろしめす」という言葉があります。これは、国民のことを知ることであり、それが国を治めることにつながっているというものです。

昭和天皇は、日本が戦災に打ちひしがれていたころ全国を巡幸《じゅんこう》されましたが、それは国民の実情を「知る」ためでした。その当時、昭和二十一（一九四六）年の新春歌会始において、次の歌を詠《よ》まれました。

ふりつもる　み雪にたへて　色かへぬ
松ぞををしき　人もかくあれ

日本には、心の内を和歌によって表現するという奥ゆかしい慣習があります。天皇はその伝統の継承者としてお気持ちを歌に託されたのです。国民の戦災の苦しみを思い、新生日本の国民は、雪の重みに耐えて、静かなる勇気をもって歩みましょう、という意味です。

国民は、危機のときにこそ、いたずらに混乱することなく冷静を保ち、国家伝統を中心として国家の秩序統一を保つ努力を尽くさなければなりません。これこそ危機において、政治家、一般国民がしっかりと心に留《と》めるべき報恩の精神でしょう。

混乱を極める国家は、平和な世界の建設という人類の遠大な目的にとっても、はかり知れない危害を及ぼします。各国は、みずから自国の秩序と平和と発展のために、自助努力を忘れてはなりません。各国に独立の気概《きがい》があってはじめて、国際平和協力もその効果を発揮します。国民としては、このように考えて、それぞれの品性の向上に励むことが、国家伝統への報恩となり、みずからの幸せへと至る道となります。

（三）準伝統に対する報恩

家族と国家は、人類史の現在の段階ではもっとも基礎的で、包括的《ほうかつてき》な生活共同体です。しかし、このほかにも、郷土、学校、会社、あるいは趣味やボランティアの団体や組織、国際機関などが存在し、そこには道徳の実行者が生きて活動しています。各地の郷土にも、都市化で埋もれていますが、地域開拓に関わる氏神《うじがみ》があり、産土神《うぶすながみ》があります。開拓の先人たちの努力もあるでしょう。また、私たちがある団体や組織に所属するとなれば、やはりそこでの恩人の恩恵に対して報恩することが、その団体内での不可欠の道徳実行になるでしょう。

職業の場合、創業以来、仕事の中心をつくり上げてきた方々があり、現在もそのような方が存在するはずです。その組織のメンバーになって働くというときに、その先人たちと現在の中心人物を一体と見て、その道徳上の恩恵に篤《あつ》く感謝し、その役割に協力します。その組織がよりよく道徳を実行し、社会に対して真心を込めて貢献するのです。

仕事というものに対して、単に生活のために労働を提供し、報酬《ほうしゅう》を得るために働く、というビジネスライクな意味づけだけに終わっては、まことに惜《お》しむべきことです。すべて、仕事というものも報恩の活動です。会社でも、学校でも、また病院などの医療機関でも、すべての仕事は、自分の贖罪《しょくざい》と報恩のためのものであり、天地自然と国家社会での善の増産に参画するという神聖な活動である、と意味づけてはどうでしょうか。世界諸聖人の教えには、贖罪のための労働、報恩のための仕事、召命《しょうめい》(calling, beruf)としての労働等々、古《いにし》えから伝えられた労働の哲学と倫理があります。すべての仕事は伝統報恩の活動である、という意味づけを物語っているといえましょう。[④]

この報恩は、団体組織の長や創業者、その系列に対する私的な服従でもなければ、またその団体組織から離脱してはならないというように自由を拘束《こうそく》するものでもありません。あらゆる地位と仕事は、人類社会の中での地位と仕事なのであり、いずれの地位と仕事に移っても、またそこで神仏の心を思いながら伝統報恩の活動を始めるのです。

三、精神伝統に対する報恩

(一) 精神伝統と人類文化

世界の歴史を見ると、私たち人類は、精神伝統から莫大な恵みを頂いていることが了解されます。精神伝統は、平和や幸福にとって決定的な要素となる精神的な善、わけても高い品性を実現することの大切さと、それを実現する根本方法を人類に示してきました。善をもたらす源泉である品性は、精神伝統によって示され、教育されてきたのです。

精神伝統の系列は、各民族や各国の歴史や文化の上に数多く見いだされますが、世界の諸聖人はその中心的な存在であり、世界における最高道徳実行者の系列の源泉です。古代ギリシアのソクラテス、ユダヤのイエス、インドの釈迦、中国の孔子、及びイスラムの預言者ムハンマド⑤といった人々がありますす。人類は、それらの人々の中に「精神の伝統」を見いだすことになるのです。こうした系統は、諸々の宗教や思想という形で伝えられていますが、最高道徳では、歴史の事実として、そこに共通一貫する信仰とそれに根ざす道徳を認め、その信仰と道徳に一貫する道徳を実行します。

私たちが利己心を抑え、慈愛の心を耕やし、人々の幸福や社会の平和に献身しようとするとき、その精神を導く教えの源流をたどれば、ことごとく世界諸聖人の生涯に行き着くことでしょう。もしも、そのような諸聖人がこの世に現れず、その教えが述べ伝えられなかったならば、今よりもいっそう弱肉強食の殺伐《さつばつ》とした世界が現出し、人類は、互いの利己心のために争い殺し合いを続け、現在まで存続できなかったかもしれません。

「提灯《ちょうちん》を借りた恩は忘れねど、お天道《てんと》さんの恩は忘れる」という諺《ことわざ》が示すように、私たちは、日常の小さな恩は知っていても偉大な恩恵ほどかえって気づきにくいものです。人類は世界諸聖人の教えと生涯、その無私の献身に、どれだけ大きく依存しているか、はかり知れないものがあります。

人類は、古い時代からこのような諸聖人の高い品性と道徳によって、精神の教育を受けてきたのです。その教育は、社会に平和や幸福をもたらすうえで、また、人々の苦しみや悲しみを癒《いや》し、安心と喜びを高め、生きる力を与えるうえで偉大な力を発揮してきました。

（二）日本の文化と精神伝統

先人の研究によれば、日本において国民道徳の中心を担ってきたのは、『古事記』や『日本書紀』など古典に語られる天照大神《あまてらすおおみかみ》をはじめ、天皇・皇室・朝廷を中心として培《つち》われてきた道徳精神の系統であり、清明心《せいめいしん》⑥を尊重するものです。そこには仏教と儒教の精神も加わっているといえるでしょう。その道徳の核心は、一言で表せば「大和心《やまとごころ》」という精神でしょう。

大和心は、江戸時代に本居宣長《もとおりのりなが》⑦が、

敷島《しきしま》の大和心《やまとごころ》を人問《ひと》はば　朝日ににほふ山ざくら花《ばな》

と詠《よ》んだ歌で知られるように、「日本人のもつ、やさしく、やわらいだ心情」「いさぎよさ」「もののあはれ」を感ずる心を指します。大和心は、国民の道徳としては、聖徳太子の十七条憲法の冒頭、「和を以《もっ》て貴《たっと》しと為《な》す」に見られるように、和の精神を重んじるものです。あるいは三種の神器である鏡（知）、玉（仁）、剣（勇）による表現もあります。さらに、中世の源平《げんぺい》の戦いのころより、特に江戸時代に武士道が発達しましたが、武士道の良質部分は、荒々しい戦いの哲学の側面にあるというより、核心は大和心の要素を受け継いだものといえましょう。

日本における道徳上の精神伝統の系譜

①仏教――仏法僧への帰依《きえ》・信仰、慈悲行・菩薩行《ぎょう》
②儒教――天の信仰、祖霊への崇拝と礼節などの生活規律
③古来の神道――皇室の祖先神、国民の氏神及び産土神（土地の神々）
④道教《どうきょう》――さまざまな神、超越存在、自然界の法
⑤世界諸宗教の系統――主にキリスト教
⑥科学、哲学及び文化の系統

本来、日本の天皇・皇室・朝廷（政府）は、厳格な国教制度を採用せず、国民の宗教信仰と礼拝《らいはい》を画一化するものではありません。信仰と礼拝は、古来各地、各氏《かくうじ》の祖先神及び大地の産土神のみならず、寺院で仏を拝む仏教も、天壇《てんだん》で天を礼拝する儒教も、自然界を崇拝する道教も排斥せず、歴史の行程で行われてきた信仰と礼拝をすべて認めるものとなったのです。朝廷は、伊勢神宮において、また宮中《きゅうちゅう》において、礼拝の儀式を古式に則《のっと》り神道様式で維持する一方、全国に国分寺を建立《こんりゅう》し、皇室には仏教の菩提寺《ぼだいじ》もありました。日本の信仰と礼拝の形式はさまざまな内実を包摂《ほうせつ》することができるものであり、世界にも稀《まれ》なあり方といえましょう。

このように、日本人の先祖は、古神道という土台の上に、仏教、儒教、道教の知恵を受け容れ、日本独特の総合的な学問と道徳を形成してきました。私たち日本の祖先の人々は、このような世界の最高水準の学問と道徳を謙虚に学び、日本の文化、精神的な伝統への統合を図ってきました。ときには、どれか一つの系統だけを良しとする排他的で不寛容な心も表れますが、それは日本の文化においては、

決して優勢とはなりませんでした。その寛容の精神を受け継ぎ、発展させ、創造性を高め、今後の世界平和のために生かしていくことが、日本国民の大きな使命ではないでしょうか。

日本では天皇・皇室が、建国以来長い間にわたり一貫して国の伝統であるとともに、祭祀《さいし》を通じ、国民の精神生活の伝統としても、各宗教、各宗派に超越してきました。天皇・皇室は、諸々《もろもろ》の系列の精神伝統の象徴であり、国民の倫理道徳の中心としての位置にあると考えられます。その象徴という事実は現在も変わらず、天皇・皇后両陛下及び皇室の方々の心は、国民の象徴であると受け止められています。

(三) 精神伝統への報恩

このように、私たちは人類として、意識するとしないとにかかわらず、人生を導く信仰、信念、教養を、世界諸聖人に始まりその系統を受け継ぐ人々から与えられています。私たちは、その最高道徳の師の系統を精神伝統として尊敬し、偉大な恩恵に感謝し、その精神を謙虚に学んで、日々の生活に生かしていきたいものです。

精神伝統への報恩は、世界諸聖人が神仏の心を受けて、人心の救済に生涯を捧《ささ》げた苦労と、その伝統を受け継いだ人々の道徳実行に対して感激するところから出発します。そこで、私たちは、天地自然から与えられた善の恵みに感謝し、諸聖人の教えに従い、善を生み出す力の源泉であり根本力として、品性の向上に努めることを誓います。

一般に、神仏に対しては、自分や自分に関係する人々の安泰《あんたい》や幸福を祈願することが多く行われています。しかし諸聖人の実行した最高道徳では、神への礼拝の目的を、自分への恵みや利益を願うことに置かず、自己としてはただ純粋に神仏の心である慈悲の体得と品性向上を誓うことのみに置くのです。

最高道徳では、次のような「神に対する礼拝」を心の中で実行します。これは、すべての信仰と礼拝が分かち合うべき共通の表現といえるでしょう。

①まず、自己の生存を天地自然・神仏に感謝し、
②自己の精神及び行為の改造を誓い、
③次に国の伝統及び家の伝統の幸福を願い、
④世界の平和を願い、
⑤自己の諸々の恩人のご安泰を祈り、
⑥目的としての品性の向上に努力することを誓います。

私たち一人ひとりにこのような精神が深まっていくならば、日々、人々の幸福を願う習慣が身につき、深い喜びと活力が確実に湧《わ》き出てくるようになるでしょう。

ただ、祈りには慎重な配慮が求められます。国家の儀式や団体の特別の儀式では、外面に現れる公式の礼拝形式を必要とすることもありますが、各個人の場合には、信じる宗教の教典や慣習に特定の決まりがある場合のほかは、祈りは心の中で実行するのが基本であり、ひっそりと隠《かく》れて静かに行うというのが、聖人の教えた最高道徳における礼拝です。

それゆえ、祈りそのものはいつでもどこでも、安全なときに一人で実行できるものです。安全を条

件とするのは、仕事中などに、精神を仕事以外に集中しては危険だからです。祈りのときは仕事の手を休めて祈りに専心します。各人が日常、心の中で祈るのであれば、宗教儀式の間での文化摩擦は、今後の世界において大いに減らすことができるでしょう。

従来から宗教上の伝統のある方々は、それらを潜在的な根底としながら、この道徳の系統を尊敬し、報恩に努めればよいのです。この道徳の系統は、宗派の分化対立をこえて、科学と同様、万人に開かれた共通のものとして受け止められるはずのものです。

四、伝統報恩の効果

私たちは、伝統に報恩することにより、いのちの継承の恩恵に気づくことができます。伝統報恩は各人と各集団の生命力、精神力、創造力を伸ばします。ひとたび深く伝統の恩恵にめざめ、伝統に対する感謝・報恩の精神から新たな人生の歩みを始めるときには、広く、大きく、安らかな品性が育ち、おのずから温和で円満な人格が生まれます。人間関係においても、春の陽射《ひざ》しのようにあたたかい交わりが生まれ、安心と喜びの人生を築くことができるようになります。

伝統報恩は、人としての正しい生き方を悟り、生きる意味を実現することを可能にします。ソクラテスが諭《さと》したように、自己の無知を知って改心し、ふだんから伝統の大恩を思い、報恩の志をもつことに心を傾けるならば、自分を含めて人類の生存・発達・安心・平和・幸福という至高《しこう》の善に向かう指針が、おのずから感得されるでしょう。

私たちは、伝統報恩を通じて、人生の深い知恵を学ぶことができます。伝統の偉大な道徳上の苦労、工夫、喜びの体験を学ぶならば、日常に出会うさまざまな物事の本末《ほんまつ》・大小・軽重《けいちょう》を明確に判断でき、その対応の方法を誤ることはありません。心に絶えず諸伝統を思い浮かべるとき、諸伝統の創造的活動を自分の体内に実感し、深い自信を得ることができるようになります。

このように、伝統報恩は、人生を意味づける正しい方向を明らかにします。人生の重大な岐路《きろ》に立って選択に迷うときにも、諸伝統の姿を思い浮かべ、心の中で伝統と対話することによって、目先の利害に迷う心が退き、心が清浄《せいじょう》となり、落ち着いて、よりよい決断ができるようになります。また、たとえ重い病の床にあるときでも、親祖先をはじめとする諸々の伝統の支えを思うことによって、心の安らぎと勇気を得ることができ、安心して療養生活に向かうことができましょう。

さらに、伝統報恩の精神は、次世代の育成を助けます。人類社会の秩序ある発展を可能にし、創造とイノベーションを促進します。新たな若いいのちというものは、歴史の行程において現状を変革する形で次々と台頭するものです。人間関係を破壊し無用な犠牲を生じ、危害を与える傾向に走ることもあります。そのとき、伝統報恩の精神は、破壊から生じる無秩序や混乱を最小限にとどめて、創造的な変革を促進するでしょう。現在、伝統の立場に立つ人は、新人を抑圧することなく、寛大な心で育て上げることになりましょう。

伝統報恩は、後ろ向きの旧弊《きゅうへい》を固定する主義ではなく、前向きで安定した、かつ喜びにあふれる品性を育てます。その結果、古来の善《よ》きものを無理なく保全しながら、柔軟に新しい未来を創造し、人類の生命活動を永続的に発展させることでしょう。

注① **伝統**　人類社会の善の創造と増産の働きは、個人としてというより、代々にわたって連続し継承する人々の系列によるものと考えられ、その系列を示す言葉。学術用語として「オーソリノン」(orthlinon「真っ直ぐな糸・ライン」の意味で、モラロジーによる新造語)を充《あ》てており、その意味するところは普通一般にいう伝統の意味を深めたものである。(廣池千九郎『道徳科学の論文』第七冊、モラロジー研究所)

② **世代間倫理**　intergenerational ethics　現在世代は、将来世代(子・孫・子孫)の生存の可能性に対して責任を負っているという倫理。環境問題によって近年、急浮上してきた。また、国庫の累積赤字や年金問題その他の福祉制度の議論において、現在世代は、将来世代の諸権利を犯してはならない義務を負うとする考え方もある。世代間倫理の立場からは、現在の民主主義は「現存世代の同意」のみによる意志決定システムであるため、将来世代の声が反映されず、現存世代のエゴイズムを抑える機能が不十分である点が問題とされている。

③ **上杉鷹山**　一七五一～一八二二年。江戸時代後期の米沢(山形県)藩主。名は治憲《はるのり》。日向《ひゅうが》の国(宮崎県)に生まれ、十歳のとき米沢藩の養子に入る。十七歳で上杉家の家督を相続すると、破綻《はたん》寸前にあった藩財政を立て直すため、節倹の励行《れいこう》、荒れ地の開墾、産業奨励、人材登用、藩校の設立など藩政改革を積極的に展開し、米沢藩を再生へと導いた。隠居後、鷹山と号した。アメリカ合衆国第三十五代大統領ジョン・F・ケネディは、尊敬する日本人として上杉鷹山を挙げている。

④ **召命としての労働**　神仏、天から与えられた使命としての仕事。天職。

⑤ **預言者ムハンマド**　現在、イスラム教世界とキリスト教世界とは、異質のもの、対立するもののように理解される傾向がある。しかし、本来、イスラムの教えでは、預言者はモーセ、キリスト及びムハンマドであ

る。また、経典は旧約聖書、新約聖書及びコーランであって、イスラム教徒は、ユダヤ教徒、キリスト教徒を自分たちより先に預言を得た「経典《けいてん》の民《たみ》」として尊重し、彼らに改宗を強要してはならない、とされている。

⑥　**清明心**　古代日本の道徳心の中心。私心《ししん》を去った純粋な心の表れと考えられ、禊《みそぎ》や祓《はらえ》は、私心を取り去るために行われた。

⑦　**本居宣長**　一七三〇～一八〇一年。江戸中期の国学者、医者。伊勢（三重県）松坂の人。無常を知り、「もののあはれ」を軸とする日本文化論を展開。また、三十余年を費やして大著『古事記伝』を完成、儒仏を排して、日本の古典に表れる古来の純粋な伝統に帰るべきことを説いた。

第九章　人心の開発救済

はじめに

品性完成の道を歩むうえで、仕上げとなるのは人心の開発救済です。それは、人間の精神に最高道徳の考え方と実践方法と意欲を伝達することです。すなわち、単に知識を伝えることではなく、最高道徳にいう自我没却、正義と慈悲、義務先行、伝統報恩の観念を知り、それを実行する精神を育てることにあります。

人心の開発救済は、人生の意味を悟り、品性の向上を相互に扶助し合う道であり、心の相互ケアであり相互進化といえるものです。

人心の開発救済は、それを受ける側すなわち所化《しょけ》にも、働きかける側すなわち能化《のうけ》①にも、双方の精神を躍動させ、まず「人生の意味」を豊かに実現することになります。人心の開発救済は、双方の品性を完成する究極の道徳実践ですが、みずからの実行によって、自身の慈愛の心を育成するものですから、実行者の心に無上の喜びをもたらします。また、相互的な心の交流は、相互扶助する存在である人間にとって、本性上、もっともふさわしい活動といえます。

精神を最高道徳で満たす人が一人でも多く増えるならば、私たちの社会はより平和となり、各人においては創造力を高め、確かな安心と幸福をもたらすことになります。

一、開発救済とは何か

（一）人間の精神を耕す

私たち人間は、つねに強い自己中心的傾向を秘めており、そのことを自覚し、克服することが必要です。さらに、これまで述べてきた最高道徳の四つの原理を、まず自分自身が理解し、実行するように努力します。

私たちは、万物の相互依存のネットワークの一員として、極めて多くの存在と複雑な関わりの中で生きています。したがって、自分の心づかいや行動が周囲に影響を及ぼすばかりでなく、他の人々の考え方や行動、さらにさまざまな社会や世界の状況が私たちの生活を大きく左右します。

ネットワークの一員である自覚は公共性の精神であり、その精神を多くの人々と共有し合うことによって、ネットワークを全体としてよい方向に変えていかないことには、お互い個人の幸福も不完全です。各人はまず、公共性の精神をもって日々の生活を送るとともに、そうした理解や認識、態度を周囲の他の人々と共有し、その輪をしだいに広げていくことが不可欠です。それによって、ネットワーク全体が調和ある発展へと前進することになります。このような自覚をできるだけ多くの人々と分かち合おうとすること、これが人心開発救済の第一歩です。

モラロジーは、倫理道徳を機軸《きじく》とする総合人間学として、人類のもっとも優れた知識と知恵を探究し、実生活の指針として活用することを目指します。そういう知識と知恵には、次のような系統があります。

第一の系統は、天啓《てんけい》や宗教の開祖《かいそ》もしくは聖人の教説です。すでに述べたように、人類の精神の歴史には、ヤスパースの注目した枢軸時代に、世界諸聖人が集中して現れ、人々に広大かつ深厚《しんこう》な精神的影響を与えました。それは後に、宗教としても発展して人類の心を導き、また学問教養としても力を発揮しました。その影響力の核心は、人間の安心、平和、喜び、幸福の極致である「救い」とは何か、救いに到達する道はいずこにあるか、何をどのようにすれば救われるのか、を教えるところにありました。現代の人類も、救いとその方法に関する限り、はるか昔の人類の教師たちが示した解答をこえることはなく、その解答に大部分依存し続けているといえましょう。

第二の系統は、哲学及び科学です。特に近代科学は、古代の知識が不完全であるような領域で、それを補充する役割をもって発達してきました。人類は、不治の病にかかった人々の苦しみを解決するために、伝統医学に加え、科学的な医学で病気の仕組みを解明し、最大限の治療を施します。併せて、ケアとして心の治療も行いますが、そのとき、ホスピス②などのターミナル・ケア③では、「人間の生死に関する古代の知恵」が今もって役立っているといえましょう。

第三の系統は、歴史をつくってきた人類の日々の経験です。日本の歴史では、織田信長、豊臣秀吉、徳川家康など特別に影響力のある人々の記録が目立ちます。しかし、それだけでなく、むしろ名も知られていない一般人による膨大な日常の経験が積み重なって、有益な知識となり知恵となります。「塵《ちり》も積もれば山となる」「袖擦《そですり》り合うも他生《たしょう》の縁《えん》」「情《なさけ》は人のためならず」「犬も歩けば棒に当たる」「驕《おご》れる人も久しからず」というような人口《じんこう》に膾炙《かいしゃ》した故事《こじ》や諺《ことわざ》を見れば、それらがこのような形で世間に浸透し生き残っているのは、多くの一般人の人生にとって有益であるからでしょう。

人類の知識と知恵は、こうした系統の総合としてできあがっています。[4]しかし、人生の指針を導き出すうえでは、これらがどれも等しく有益であるかといえば、決してそうではありません。知識は、現実に応用されれば一面有益であるとしても、それが私たちの心の自己中心性と結びついて、はなはだ害毒を流す場合も多いのです。

社会についての考えでも、移り変わりが起きます。自由・平等・博愛の思想も修正を受けましたし、「人類の歴史は階級闘争の歴史である」（マルクス、[5]エンゲルス『共産党宣言』）という唯物史観《ゆいぶつしかん》[6]と革命思想は、十九世紀と二十世紀に猛威を振るった知識であり哲学ですが、その歴史的な役割はすでに終了したといえるでしょう。それに対する反動として今日の流行思想となった思想、すなわち「私益追求は公益をもたらす」という素朴な自由競争主義もまた、人間の利己主義と結合してしばしば負の作用を露呈《ろてい》し、人々の疑問と警戒心を呼び起こしています。

果たして人類は、このような実験を重ねて、少しでも賢《かしこ》くなってきているのでしょうか。歴史を舞台とし、歴史の広場で検証され合格した知識と知恵は、いずこにあるのでしょうか。人類の幸福実現にとっては、それを解明し学習することが大前提となります。

（二）開発から救済へ

ここにいう人心とは、文字通り私たち人間の心であり、精神です。これには、自分と相手と第三者の三方の精神を含みます。開発とは、荒地をひらき、また精神を耕し教育していくことです。今までの自我に満ちた心、すなわち利己的な心、自己中心の精神を深く反省し、それを慈悲の心すなわち最高道徳的精神へと根本的に改善していくことです。

開発は、まず、自分の精神がつねに不完全であることへの謙虚な自覚から始まります。つまり、自分の心が利己的な心に満ちていることに気づくことです。目先の利害を優先させる狭い心や、他人や社会など全体の利益にまで考え及んでいないという事実に気づくことです。そのうえで、可能性として人類が保有する徳性、品性を開拓し発揚《はつよう》することです。開発とは、いわば人間各自の心の天然資源を探索し、地上へと掘り出し、活用する作業です。

私たちは、歪《ゆが》んだ信念や自己中心の思考や利己心が、さまざまな情報や知識のあり方を曲げるため、知情意という精神力と行動を十分に開拓していません。このことを自覚して、利己心を克服し、道徳心を学んで、心の根本的な改造を図る必要があります。

救済は、人類の精神史では回心《かいしん》、更生《こうせい》、悟道《ごどう》、解脱《げだつ》、覚醒《かくせい》などとも呼ばれてきました。

救済とは、開発の結果として到達する究極の境地であり、人心の開発が深まり、人生の意味を悟り、品性が完成された段階です。つねに最高道徳の精神で考え、行動することです。精神が自然に慈悲心をもって満たされ、何事にも感謝の心が生まれ、人生の苦難に出会うときにも、安心と喜びをもって品性完成への道を歩み続けるようになることです。これを先人は、何事があっても思い煩《わずら》うことのない心境という意味で、「安心立命《あんしんりつめい》」と呼びました。

品性を完成するには、開発によって伸びゆく道徳心を、聖人の示した最高道徳によって成熟させることです。人間が生まれながらにもっている善の徳性を基礎として、知徳一体の神仏の慈悲心や愛の心、仁恕《じんじょ》の心を精神全体に行きわたらせ、人格を根本的に改造するのです。救済とは『論語』にあるように、「心の欲《ほっ》する所に従って、矩《のり》を踰《こ》えず」（爲政第二）の境地に達し、精神が神仏の慈悲心に一体化して、思うことや行うことが自然に善の生産に向かうようになり、いつしか心に迷いがなくなり、安心を得た状態といえましょう。

(三) 精神開発の主要な柱

人心の開発救済の主な柱は次の通りです。

第一に、人間精神の可能性を耕し、正しい知識や知恵の種子を植えつけていくことです。聖人の最高道徳に学び、各自の品性完成が不可欠であると深く理解することです。

第二に、この正しい精神を他人に移植するための方法を知り、実行することです。とりわけ慈悲、思いやりの心をもって自他の心の教育に取り組むことです。

第三に、品性完成の目標である真に救われた聖人の精神に思いを馳《は》せ、安心立命《あんしんりつめい》の境地を学び、感化されることです。

人間世界のすべての物事は、人間の精神から発生し、形を成していきます。精神は偉大な可能性をはらんでいます。特に、自己自身の心の使い方、感じること、考えること、感謝すること、希望すること、祈ることが偉大な力を発揮する、という事実に気づきたいものです。

この点、自分の毎日は自己の生きる意味の発見の日である、という態度で歩むことが有益です。生まれた境遇、資質や能力、自分の置かれた状況には、安心と喜びの元素がたくさん含まれているはずです。必ずしも望ましいものばかりでないにしても、それらを丸ごと受け止め、そこから発して、よりよく生きるための心の道をつくり、倦《う》まず弛《たゆ》まず、前に向かって進むのです。江戸初期、平時の武士道を初めて体系づけ、士道《しどう》というものを確立した山鹿素行《やまがそこう》は「生成無息《せいせいむそく》」（生成して息《や》むこと無し）と繰り返しました。

こうした態度を続ければ、まず自分のいのちのかけがえのない価値に気づきます。自分がさまざまな恩に恵まれ、支えられていることが分かり、心底から感謝できるようになります。また、天地のあらゆるものを尊重し、生きとし生けるものすべてを愛し、いのちの可能性を信じ、自他の幸せを祈る心を生み出します。これが、生きるための原動力となり、物事に取り組む態度や方向を積極的、建設的な方向へと変え、この心の転換が人生を劇的に変革する働きをするでしょう。

ところで、このように言えば、何でも受け入れて肯定し、まったく不平不満一つ抱かず、毎日が平々《へいへい》凡々《ぼんぼん》、「日々これ好日《こうじつ》」であって、人生の向上努力も世の中の改善改革にも、まったく挑戦しない生き方になり終わってしまうのではないか、と思われるかもしれません。

しかし、人心の開発救済とは、決して無風の心、平穏《へいおん》だけの境涯をつくることではありません。行住坐臥《ぎょうじゅうざが》、寝ても覚めてもひたすら人生の前進、社会の改善に取り組む人をつくることです。これには苦労、犠牲が伴います。しかし、諸聖人がそうであったように、人々が生きる意味に目覚め、安心の道を歩み始める姿を見ることは、無上の喜びをもたらすことになるのです。

二、人心開発の方法

（一）品性向上を目指す相互扶助

人心の開発に至る道では、まず、自己自身が最高道徳にもとづいて、正しい人間精神のあり方を学びます。聖人の教えと事跡を通して真の正義と慈悲を知り、宇宙の万物化育の働きに同化するようにと、みずから心の帰着点《きちゃくてん》を定めます。宇宙万物の調和のとれた発展、地球生命系のバランスの維持と発展、そして人類社会の全体、集団、個人の間の調和と発展をつねに念頭において、いっさいの物事に取り組みます。

日々、みずから公正な精神を培養し、信賞必罰の正義の観念とともに、慈愛の心、寛大な心、思いやりの心を学び、それを相手に伝えます。すなわち、いたわりの心、癒《いや》す心で人に接し、自分の胸の中に他者の幸福を願う心を育てます。人材や機会、情報や知識、物事を独占せず、他者と共有します。また義務先行、すなわち贖罪報恩の精神となり、伝統報恩の実行を心がけます。

これは、どこまで行っても終点のない心の修行です。その中で、そうした精神を他者に伝達し、共有し、移植することに努めます。他者への働きかけを通して、いっそう自己自身の精神を開拓し、相手を真に安心の境地へと誘っていくのです。自己開発と他者開発は一体となって進むものです。

もちろん人心の開発では、こちらの働きかけに比例して、ただちに効果が現れるとは限りませんし、相手が変わるかどうかも保障されません。しかし、何よりこちらに、相手の幸せを祈る慈悲の心が芽生えることはまちがいありません。その心が自己の品性の向上につながるのですから、十分な意味があります。また、自分のそうした日常の姿が、第三者に思いもかけずよい感化を与え、社会に道徳的な影響が及ぶこともしばしば起こるのです。

人心の開発救済では、「他を救うにあらず己を助くるにあることを悟る」という心構えが根本です。相手に求めることなく、無償の心で人心開発を行うこと、道徳の実行は相手のためでなく、結局は、まったく自己の贖罪報恩のための実行であり、品性完成の行程のためであるという自覚が貴重です。その心が、自分の心を謙虚で要求心のない平らかなものにし、予期しない好結果を生み出すでしょう。

人心の開発救済は、国家間での外交にも及びます。例えば、国家間で利害や歴史解釈が対立するとき、国際関係は歪《いびつ》になります。このようなときには、民間外交など絶えずあらゆる機会をとらえて心の通い合いを図りながら、あくまでも事実を科学的に確認し、脅《おど》しや強弁《きょうべん》に屈することなく、こちらもそういう方便を用いないことです。心の底にはいつも慈悲心を込め、寛大な態度を続け、自己反省を行いながら、相手の道徳心が芽生える機会をつくることに努力するのです。

（二）全人格を通じた働きかけ

人心の開発救済は、ある一つの限られた対話の技術や方法によるのではなく、全人格を通じての感化によるものであり、自分が得た最高道徳的な精神をもって、相手の理性、感性、良心のすべてに働きかけます。

第一は、相手の理性に働きかけて理解していただくことです。自分がこれまで学んだ知識や学問を活用して、相手の道徳的判断力を育て、また、法や道徳を尊重する心、公正・公平な精神を養うように手助けします。そのためには、常日ごろから、考え方の異なる相手とも交流し、異なる世代の間や異文化間でのコミュニケーションを図る能力、現実的な問題を解決する能力などを涵養《かんよう》します。

第二は、相手の感性に働きかけることです。真心《まごころ》を込めた働きかけによって、相手の深い心情や感性を呼び覚《さ》まします。自然界の神秘に対する感動や驚き、神仏に対する信仰心、生命に対する畏敬《いけい》の念、聖なるものや美しいものに感動する心を養います。そして、みずからの体験を伝えるなどによって、恩人の恩恵に対する感謝、さらに他者の喜びや心の痛み、悲しみに対する感受性、共感性などが育つようにします。

第三は、相手の良心に語りかけることです。良心とは、自分個人の信条や好悪の感情をこえて、社会公共の善の道にそって考え、行為するような精神のことです。相手のそうした良心に働きかけることにより、最高道徳の生命を吹き込み、道徳実行への勇気を呼び起こします。また、善に向かい悪を避けようとする意志、困難に立ち向かう勇気を育てます。人心の開発救済は、相互の交流による精神進化の歩みであり、知情意すべてにわたる心の相互扶助といえるでしょう。

人心の開発救済においては、共同学習、個人的実行、人格的感化の三つの方法があります。

まず一つは、学習は共同で行うことが求められます。私たちはそのときどきの利害、関心、好悪《こうお》にとらわれやすく、誘惑に負けやすい弱い存在です。また、一人では十分な知恵を出せない不完全な存在であるため、互いに励まし合い、共に学ぶことが必要になります。その過程で、互いの情報や知識、意欲の不足を補い合い、切磋琢磨《せっさたくま》していくことができるでしょう。

しかし、実行の面では、必ずしもいつも皆で一緒に行うということではありません。人にはそれぞれの状況や人生の歴史があり、皆が共同して実行できないこともあります。自分一人であっても、勇気や気概《きがい》をもってできることから実行していけばよいのです。特に、道徳の実行は各人の心における実行が根本ですから、心の中でいつでも、どこでも行えます。

人心の開発救済は人格全体の感化によりますから、相手と親しく対話し交流してはじめて可能となります。相手の幸せを祈りながら、親しく卓《たく》を囲み、回を重ね、慈悲の精神によって最高道徳の心を伝えます。

なお、働きかける時機や方法についても、慎重な配慮が必要です。相手の感情、立場、状況などを考慮し、適切な時機と方法を選ぶという洞察力《どうさつりょく》が求められます。そのためには、カウンセリングの学習などは有益です。

(三) 慈悲心を徐々に育てる

人心の開発救済を進めるうえでの具体的な留意点について考えてみましょう。

今日はかつてない高齢社会といわれます。人はだれでも子供から育ち、やがて必ず老いていきます。「子供叱るな、来た道じゃ。年寄り笑うな、行く道じゃ」と昔の諺《ことわざ》にもあります。この事実を受け止めて、社会の中の子供を育て、高齢者の介護に参画することが、私たちの慈悲心を育てることになるでしょう。

また、病気で苦しんでいる人、障害を背負った人たち、青春の真《ま》っ只中《ただなか》で進路の選択に迷う若者の苦悩を受け止めて、共苦し共感することは、他人事でなく、みずから生きることの意味を問いなおす機会ともなるでしょう。

人心の開発救済にあたっては、まず、相手と応対するとき、「神仏がこの人の姿をとおして私の前に現れてくださっている」と思ってみます。相手の人の幸せを祈りながら、相手の心を和《やわ》らげ、くつろぐように心を配ります。そして先方の心がゆったりとくつろいだときに、はじめて対応をするのです。助けたい一心からではあっても、決して相手の心の傷に強くさわらないように心がけましょう。心の傷というものは浅いようでも深く、古いようでも新しく痛むものです。「因幡《いなば》の白兎《しろうさぎ》」⑦の物語で大国主命《おおくにぬしのみこと》がしたように、真綿《まわた》で傷をそっとくるむがごとく、温《ぬく》もりのある心でやさしく接しているうちに、先方は道を聴《き》き、自然に救いの道を歩む準備が整うのです。

たとえ善意からにせよ、相手に過剰に干渉して依存心を強めたり、相手を支配したりしないように、くれぐれも心がけるべきです。特に相手が異性の場合、セクハラなどを起こさないように注意が必要です。

人心の開発救済の根本精神は、慈悲と尊敬と祈りにあります。これはカウンセリングの精神につながるものであり、他者への傾聴《けいちょう》⑧、共感、受容等は、慈悲と尊敬を基盤としています。開発救済に必要なことは、まず相手の話を共感をもって傾聴し、その状況や感情、将来への希望などを十分に理解することです。

傾聴するには、苦しみ悩んでいる相手に対し、低いやさしい心で支え包み込むようにして、相手の気持ちと表現を尊重することです。経験も知識も豊富で元気な自分が、精神的、知識的に優越する立場から話しかけるという態度をつくらないことです。相手は、こちらが優位者としてケアすべき対象なのではありません。共に対等ないのちとして向き合い、生きる苦悩と喜びを分かち合い、生きる意味を発見するための同行者《どうぎょうしゃ》なのです。傾聴では、平等の立場から話すという姿勢が根本です。

医療でも、患者が医者に対して、乏しい知識と不安な気持ちから少しずつ自分の状態を語りはじめてきたときに、医者がいきなり専門の立場から「それは、要するに、こうこう、こういうことなんですよ」と、一方的に解釈や指示を出す場合があります。それでは不安な患者の心を閉じ込める聞き方、話し方です。

人心の開発でもまったく同じことです。人のお世話をさせていただく場合に、自分が相手の状態を「それはよくないですね」「こうしたらよいですよ」などとすぐに善し悪しを分け、結論づけるようなことでは、相手の心に届くような聞き方をしているとはいえません。

また、相手の心に十分な用意が整わないうちに「それは、こういうことが原因となって起きているのですよ」とすぐさま解釈し説明するなど、性急に問題解決の方法を指導することは避けなければなりません。性急さは、相手の心に過剰《かじょう》な負担をかけたり、問題解決の力を養う機会を奪い、相手の成長を阻害する結果ともなります。相手の状態、苦しみ、悩みを、よくよく聴いて理解しようとするのが望ましい態度です。それには時間がかかりますので、人心の開発と救済は決して急いではなりません。すべての成長には時間がかかるものであり、忍耐と相手への信頼が必要です。天の時を測《はか》り、時《じ》節《せつ》を待つのです。

耳を傾けてよく聴くことは、相手の人格を尊重することであり、相手が親近感や信頼感を覚え、心の安定や自信をもたらすでしょう。相手は、こちらと話すことによって問題が整理され、物事を広い視野で見つめられるようになり、解決への糸口をつかむ心の準備が整うでしょう。こうして、話を聴き、相手の気持ちへの共感に努めることは、それだけでお互いの生きる力をよみがえらせます。

人心の開発では、本人の自発的な態度変容を大切にします。働きかける側としては、相手の心にゆっくりと変化と成長が訪れるよう、じっくり時間をかけ、回を重ねて、粘り強く働きかけます。対話と交流を重ねながら、本人が自分の問題に気づき、自発的にその解決に向かおうとし、やがては心の中で気力を整え、道徳の実行に向かうように導きます。

このように、開発は決して折伏《しゃくぶく》⑨でもなく、洗脳でもなく、評価でもなく、解説でもないということです。人心の開発と救済は、どこまでも相手の自発心から生まれる気づきと態度変容を促すものです。

三、人心救済と全人的意味の回復

(一) 人生の意味の崩壊と苦悩

人心開発救済の理解と実行では、最近の医療や介護の動向を知ることが極めて有効です。現代の医療においては、例えば、がん患者などに対して、心の安らぎや生きがいなど心の奥深い世界に踏み込む画期的なケアが始まりました。今日、そうした心の奥深い世界へのケアを「スピリチュアル・ケア」⑩と名づけています。これは人生の意味を発見し、回復するケアといえるものです。そうしたケアが一般に注目され始めたのは、一九九九年、国連の世界保健機構（ＷＨＯ）が「スピリチュアルな健康⑪」

という新たな健康概念を提起したことにあります。それは、従来からの人間の身体的、社会的（経済的）、心理的健康に加えて、人間存在を根底から支える「全人的な健康」と理解されています。

スピリチュアル・ケアは、単なる肉体と心の病をこえた課題であり、現代人にとって避けて通れない課題となりました。これは、人間を超越する天地自然とか神仏というような存在との関わりも視野に入れた死生観《しせいかん》の問題や、人生の意味の探求の問題であり、世界諸聖人が示した救いの意味の問題に直結するものです。

こうした根本的な人生の意味が損《そこ》なわれて生じる苦悩を「全人的苦悩」（スピリチュアル・ペイン）[12]として理解し、それに対応していくケアが普及しつつあります。

全人的な苦悩や苦痛とは、第二章に述べた「人生の意味」（ヴィクトール・フランクル）の三つの領域と対応して整理することができます。

①人生の開拓（つくる働き）の面での行き詰まり、意味の喪失

(a)病気、怪我と肉体の苦痛

自分は、病気や怪我、障害などからくるからだの痛みから早く逃れたい。いったい、なぜ、自分はこのような苦痛に苦しむのか。こんな体の状態では、もう何もできない。

(b)子孫の断絶の苦悩

若いころは子孫のことなど考慮しない生き方を選んでいても、人生の途中からは、子孫の価値を痛感するようになる人が多いものです。「なぜ自分には子供が授からないのか」という悩みは、言葉には出さないまでも深刻でしょう。

(c)暮らしの行き詰まり

このように独り立ちできない状態では、治療費ばかりかかる、暮らしの見通しが立たない。自分はこれから先、いったいどうすればよいのか。

(d)自分の仕事や業績の開拓での不満、自信喪失

このまま死を迎えるのでは、自分の人生は何もしてこなかったことになる、これまでの歩みと努力はまったく無駄であったのだろうか。

②出会い（つながる働き）の面での苦悩

(a)人間関係の失敗に関わる罪の意識

自分は、人と仲よくできない、人に迷惑をかけた、幾人かに対して罪深いことを行った、恩人に恩返しをしていない、親不孝ばかりである。それを残したままこの世を去るのは堪《た》えられない。自分の人生をきれいに清算してこの世を去りたい。しかし、動きの取れないこの心身の状態では、もはや何もできないが、どうすればよいのか。

(b)自然あるいは文明とのつながりの欠如からくる苦痛、苦悩

現代人の場合、都会での仕事の重圧や焦《あせ》りなどから、生き生きとした自然のリズムと分離し、いのちがみずみずしい自然の感触を無意識のうちに求めているときには、心身にいろいろな症状が現れます。また、老人が、子供や孫が身近にいなくなり独居生活を余儀なくされた場合、孤独の苦悩に包まれます。

③人生の意味の再発見（もちこたえる働きを左右するもの）

自分は、やがて死ぬだろう。死ぬことはどんなに苦しいことだろうか、死が恐ろしい。そして、死んだらどうなるのだろう。死にたくない。このまま死んでしまうのであれば、これからの残る日々には何の意味も見いだせないのではないか。このように、死への恐れ、死後の世界への不安は避けられないでしょう。

人生には、こうした根源的な悩みが襲いかかります。スピリチュアルな苦悩とは、身体的苦痛、社会的・経済的苦痛、心理的・精神的苦痛と一体化した全人的な苦悩です。

(二) ケアの根本——人生の意味の再建と希望

人心開発救済の究極の目的は、人生の意味を発見し、自他の心に揺るぎない希望と安心を育てることです。これは、ケアの世界でいっそう顕著です。

今日、長寿社会となったものの、高齢者が生きがいを見失い、喜びを感じることなく不満を並べる、という真に残念な傾向が見られます。若者たちもなぜ勉強するのか、なぜ仕事に就《つ》くのか、なぜ結婚するのかなど、あたりまえの人生課題に意味を見いだせず、心が空洞化《くうどうか》して生きる力が萎縮《いしゅく》しています。さらに家族を支えている中年層も、自死の増大、リストラ等の経済問題、健康不安等とならんで、心の深い所で苦悩を抱えているのです。こうした現象から、私たちは豊かな社会ゆえに貧しい心となり、スピリチュアルな健康が損なわれていることに気づかされます。

このようなときこそ、経験豊かな人生の先輩や友人とじっくりと話し合えば、挫折体験や病気体験なども長い人生途上での一時的休息として位置づけ、それを機会に人生の新しい価値探求の好機としてよみがえることも可能です。よき人生の先輩、教師、友人をもつことが有益です。

中年期の病気体験は、夫婦の絆《きずな》や家族の絆を深める絶好の機会でもあります。家庭人としての自分を再発見したり、祖先とのつながりを思い、そのつながりの意味を見いだしたり、子供との対話を深める好機です。

死に直面するような重大な病の場合には、自分の人生全体への回顧と見直しを迫られ、時に深い虚無感に襲われることがあります。なぜこのような病に冒《おか》されたのかと自分の不運な人生を呪《のろ》い、周囲の人々へのあたたかな配慮を忘れたり、人間関係を断絶したりすることがあります。

人間が生きるうえで欠かせないものは、未来への希望です。専門の医師でも、患者からこの希望を奪うことはできないのです。医学的に希望がもてなくても、最後まであきらめないでしっかりと闘病生活を送ることが、患者の人間としての使命だといえるでしょう。人間は、子孫の行く末に夢を託したり、来世での再会に夢をもったりする中で、つらい人生を受け入れ、人生の新たな意味を発見できるからです。

スピリチュアルなものの内容は、人生の根本的意味への問いかけであり、その意味が容易に得られないために苦悩が発生します。苦悩は人生の意味の空洞化、心の渇《かわ》き、生きがいの喪失《そうしつ》というものによって構成されており、一人ひとりの個性と深く関わり、それぞれ違った表現形態をとります。私たちは、人の心の深奥《しんおう》を深く理解すると同時に、人々と共有できる人間観や死生観を探求することで、問題のありかを探る洞察力が求められてきます。

一般的にいえることは、もはや残された人生が長くないと分かったとき、人は自分の人生を回顧し、なぜ自分がこのような病に冒されるのか、自分はどんな悪を行い罪を犯したのか、神も仏もないではないか、と自分自身の存在への疑惑に襲われます。すなわち死に直面したときに心の中で起こる人生への疑惑、神仏とのつながりの断絶、人間関係の葛藤《かっとう》に由来する孤立感、罪責の念です。

エリザベス・キューブラー・ロス博士[13]は、終末期患者の心理状態を研究して患者自身が自己の死を受容するに至る心理過程を明らかにしました。彼女の研究の要点は、患者が否認・怒り・取り引き・抑《よく》うつという四段階を経て、最後に死を受容するに至るということと同時に、どんな段階でも最後まででなんらかの希望をもち続けるということです。そして、患者にとって死が恐ろしいのは、周囲の人々が患者のこの心理過程を理解しないために、周囲の人々との真のコミュニケーションが成り立たなくて、絶望感や孤立感に襲われているのだというのです。彼女は、死について率直に語り合うことがいかに大事なことかを明らかにしました。

(三) ケアの実践要綱

ケアでは、自分自身がそれに苦悩している場合にも、また相手が苦悩していて相手を支援するときにも、落ち着いて時間をかけて取り組むことが必要です。その要点は、以下のところにあります。

①まず、慎重に、自分自身、あるいは相手が、どのような苦痛を秘めているのかを洞察《どうさつ》することです。自分の心、相手の仕草を観察し、相手の言葉を注意して聴きます。

②ケアには通《とお》り一遍《いっぺん》の解決方法は存在しないということをわきまえることです。言葉のうえでの解答ができないときでも、かたわらに付き添い、「共に在《あ》る」ような関わりを続ける中で、当人がみずから答えを見いだすことがあります。

末期がん患者が疼痛緩和《とうつうかんわ》の効果がどうしても現れず、痛みを訴えるようなとき、介護する人が一晩中体をさすったり痛みの箇所に手を当てて看病すると、不思議に痛みが和《やわ》らぐことがあると報告されています。そこから、こういう事例こそ、人心開発救済の第一歩と考え、相手を抱き取るような親心から無言で手当てを持続することの大切さを教えられます。

③当人は、やがて死ぬことなど気になっている物事に心がとらわれ、それ以外のことには気が回らないというように、視野が狭くなっていることが多いものです。視野を広げて考えるように支援します。

視野を広げるためには、当人の人生の過去から、現在、未来にわたって話を聴いてあげ、受け止めてあげることです。すると相手はしだいに心が和らぎ、やがて自分以外のことにも配慮できるようになります。

④最高道徳ではケアの実践が有益です。日頃から伝統報恩という原理を実行するからです。自分の親祖先の人生をはじめ、国家伝統の人生、精神伝統の人生、準伝統の人生、さらにその他諸々の恩人の人生を学び、その方々の人生上の苦労や喜びを思ってみることが、自分自身に対するセルフケアに役立ちます。これは、苦悩している当人が自分の苦悩だけにとらわれることから脱して、人生の視野を広げるうえで役立つでしょう。

また伝統報恩の実行では、だれしも出会う死というものについて、自分の家族の親祖先にたくさんの実例があることを学びますから、その学びが苦悩する自分自身の死を受容する、安心を得る、肚《はら》をすえるのに役立ちます。

⑤死を間近にしていると思っている人は、死後の自分の霊魂《れいこん》の行く末を不安に思うものです。ケアする側は、来世での再会、あるいは来世での生まれ変わりなどについて、いろいろと語り合うのもよいでしょう。

スピリチュアル・ケアでは、ケアする者が全人格を捧げ、大きな親心をもって、心を込めて相手のそばに付いて、相手が「自分は世界の中に一人で放置されているのではない」という安堵感《あんどかん》を抱くことができるように援助します。人生の意味を人生最後の段階で理解し、納得したうえで、この世から別れることは、人間の幸福にとって究極の目的であり、その達成は尽きせぬ喜びとなりましょう。このケアにおける精神を学ぶことは、人心開発救済への取り組みをいっそう慈愛にあふれた奥深いものにしていくことでしょう。

四、品性完成した人の姿

(一) 純粋他力の中で自力の努力を

最高道徳を実践するには、自助努力が基本となります。何事も他の力を当てにするのではなく、自分自身の道徳上の努力でなしとげていくという自発の精神が大切です。しかし同時に、自分の力だけを頼みにするという独善的な努力には、おのずと限界のあることを自覚したいものです。自分の力のみを頼みにするとき、とかく私たちは、自分は善行《ぜんこう》を積んでいるのだという自負《じふ》から、傲慢《ごうまん》になったり、逆に自己の力不足に直面して、卑屈《ひくつ》になってしまうことがあります。

何事も自力《じりき》でいくという考えでは、心づかいも行為も、終始、自分の精神力、意志にもとづき推し進めるものであり、自分しだいであるとします。救いにしても、自分の意志による修行を通じて到達することができるという考えであり、人生の歩み方です。

一方、他力《たりき》という考えでは、何事にもすべて天地自然、神仏の心が働いて、その誘《いざな》いによって自分が歩ませていただいているのであり、自分自身の意志の力、精神の働きというものも、自分から発するのではないという考えです。日本の仏教でも、「仏の方《ほう》より誘われて念仏をするのである⑭」という考えに達しました。これは「純粋の他力」と呼ぶことができましょう。

人のいのちはまったく絶対の他力に従うものであり、人類はいのち一つ創造できません。最高道徳においては、科学的に考えて、純粋な他力を根底にしながら、そのうえで自力で働く、という考えを重視します。すなわち、人間の心の開発深化も含めて、人間の精神作用と行為のいっさいが他力の働きとして宇宙自然、神仏の心から出てくるものと受け止めるのです。人間の心を最高道徳心へと導くには、「自分を超えたものの力が自分を掩護《えんご》してくれている」（『道徳科学の論文』八冊目）というような謙虚な心がなくては、なかなか成功するものではありません。人間の心を耕すにあたって、自分の小さな力だけでは限りがあり、天地自然に信頼する心、神仏に縋《すが》る心がどうしても必要となります。

人心の開発救済では、天地自然が与えたすべてのいのちは、必ず豊かに成長していくものであるという信念をもって、相手の可能性を認め、深く強く信頼していきます。そうすれば相手も、自分が信頼されていることに感動を覚え、おのずと新鮮な心が芽生え、精神を根本的に改造する力が湧いてくるでしょう。

(二) 人心開発救済の事業への献身

人心開発救済には、心の教育とともに、具体的な実践が求められます。それは、以下のような活動や事業に参画することにあります。

①人類の幸福に役立つ学問や科学の研究と、知徳一体を理念とし徳育を大切にする学校教育に尽くします。
②医療施設や介護施設などを設立し、経営を行います。
③労資関係や職場環境の改善、社員の道徳性向上の教育に努めます。
④医療や経済をはじめ、各種業界における倫理の確立を支援します。
⑤人体や自然に害を及ぼさない安全な土木建築、食品、衣料を開発し生産します。
⑥生態系を保全し、地球資源を節約する科学技術の研究と開発を行います。
⑦地域社会の功労者の顕彰《けんしょう》や報奨《ほうしょう》を行います。
⑧社会の公益を促進する各種ボランティア活動に参加し、支援を行います。
⑨災害時の緊急支援活動や国際平和維持活動に深い関心をもち、協力します。
⑩地球環境保全の活動の推進と援助に努めます。

これらの活動や事業に参画する場合、もちろん各人の時間や能力、資力には限りがありますから、公共の福利の増進に役立つかどうかを十分に見極めて、優先順位をつけて合理的に取り組みます。直接に人心開発救済の事業に携《たずさ》わる余力や時間がない場合には、感謝報恩の精神で冗費《じょうひ》を節減するなど、物心両面でその事業を支援したいものです。

（三）真に救済された人の品性

真に救済された人とは、どのような人のことをいうのでしょうか。世界諸聖人の品性にもとづいて考えてみましょう。

第一に、人間が宇宙自然界の力に支配されていることを悟り、自然の法則を神仏の心としてよく理解する人です。

第二に、人間各自の運命は、自然の法則や人為の法則に合致する度合い、すなわち品性の程度によって決まるということを理解し、運命改善の方法として、自我を没却し、自然の法則すなわち神仏の心に従っていく人です。

第三に、正義や公正を尊重し、人の不正や罪を問うとともに、寛大な心となって人間の愚かさや弱さも認め、慈悲の精神からすべての人を愛する人です。

第四に、贖罪の動機から出発し、義務先行の精神で日々を歩んでいる人です。

第五に、伝統、恩人に対する感謝と報恩の心にもとづいて、すべての事にあたる人です。

第六に、情理円満《じょうりえんまん》な知恵をもとに行動し、精神が平和であり、無理がない人です。

第七に、一般社会の改善や有益な事業に建設的な態度で参画し、その発展を願う人です。

第八に、八面玲瓏《はちめんれいろう》の精神、つまり裏表がなく、曇りのない鏡のように澄《す》み切った精神となり、いっさいの人に親心をもって接する人です。

第九に、威厳ある雰囲気の中にも、慈愛にあふれた奥深い人格が感じられ、触れ合う人々が自然に惹《ひ》きつけられるような人です。

第十に、自己反省に徹し、あたたかく、柔らかい優しい精神を秘めた人です。すなわち、自己流の知識や道徳を頼《たの》みとするのではなく、神仏の心、一視同仁の慈悲寛大の精神を涵養《かんよう》し、どのようなことにも自己に反省し、前向きに取り組む人です。

これは天命に順《したが》い、神仏の心にそう自然《じねん》の心であり、「なるよう、いくよう、天然自然」という態度といえましょう。私たちは、このような真に救済された人の姿をモデルとしていつも心に描き、自分の向かう目標とするならば、独りよがりで偏った道徳実践に陥《おちい》る危険を避けて、人類の安心、平和、幸福に近づくことができるでしょう。

さらに、大切な点に注目しましょう。すなわち、人心の開発救済は、苦悩し迷っている人が所化《しょけ》（受け身）として受けるものとは限りません。苦悩し迷っている人も、障害をもつ人も、高齢の人でも、だれでも実行できるものです。

人間は、たとえ死の床に伏している人でも、一個の生命体としてこの世に存在しているのであり、そのこと自体が「人間としての尊厳ある価値」を表現しているのです。そのような自分の存在全部を通して、周囲の人々に生命の尊さを表現することができるのです。

良寛《りょうかん》は、

うらを見せ　おもてを見せて　散るもみぢ

という句を記しましたが、人間はみずからが老い、やがて死にゆく姿そのものを通して、遺《のこ》された者に、だれも決して死を免れ得るものではないという人生の真実を厳粛《げんしゅく》に受け止め、理解してもらうことができます。そこに、死にゆく者の最後の使命があるといってよいでしょう。私たちはこの世に生を受けるとき、多くの人に祝福されるのですが、この世を去るときも、親しい人々のあたたかい看護と看取《みと》りに囲まれて、尊厳なる生を全《まっと》うしたいものです。この共感共苦の間柄にこそ、人が人生の意味を分かち合い、真に共生する姿があるといってよいでしょう。

世界の諸聖人は、この世を去ってからこそ、偉大な感化力を発揮しました。人心開発は死して後にも可能であるということであって、私たちはその事実に感動し、その歴史の真実に信頼したいものです。

五、人心開発と救済の効果

人心の開発救済は、人間の品性完成のための教育的方法であり、人生における究極の善事です。それは、精神の相互扶助であり、私たちの精神の力を高め、行為の質を向上させ、個人の幸福とともに、人類社会に善をもたらす根源の力となります。それは、人間の運命と事物改善のもっとも着実な方法です。

人心の開発と救済は、各人の心のうちに「人生の意味」の全体像を与え、さらに共生する心を育てます。私たち人間の心というものは、孤立しては働かず、他者との共生、交流、対話によってよりよく磨かれ、発達します。私たちは、他者との人間的交流を通して自分自身の精神力を強化し、自分自身の生きる力やエネルギーを獲得することができます。

人心の開発救済は、無償奉仕の慈悲心を育てます。無償奉仕は、行う人に無上の喜びをもたらします。これを行う人は、いつでも晴れ渡っている成層圏《せいそうけん》のような心になります。

人心の開発救済の真の効果は、開発救済を志し実行する人自身が、まずより深く開発され、救済されるところにあります。私たちが人心の開発救済の精神をもって日夜心を砕いていけば、相手がどのような人であっても、こちらがその人の言動を不快に感じることも不平に思うこともなくなり、心の中でその人を疎《うと》んじたり排斥するようなこともなくなるでしょう。

人心開発救済は、人間の精神に働きかけ、迂遠《うえん》なようであっても、人類世界に平和、持続的な発展、安全と安心をもたらし、喜びに満ちた価値ある人生を実現するうえで最終究極の方法です。それは対話、教育、感化という非強制的、非暴力的な方法による相互的進化の道といえましょう。

人心の開発救済とは、最高道徳にもとづく物の見方、世界観、社会観、人生観を自他ともに獲得していくことです。すなわち、最高道徳によって、みずから人生の意味を悟るように努め、相手にも同様に支援することです。それは、自我を没却して狭い心を乗り越え、自己の品性の欠陥を補修することの重要さに気づき、利己心をこえて慈悲の心を育てることです。ここから、幸福の条件である権利を実現するには、みずから正当な義務を先行し、さらにその義務先行者の系列すなわち伝統の人々への報恩に心がけます。そして、そういう精神を他の人々に伝えることが自己の品性の向上にもっとも有効な方法であり、自分も他者も共に安心幸福となる道であるということを、みずから理解し、相手にも理解していただくのです。

一意専心《いちいせんしん》、このような精神になることが毎日の生活の極意《ごくい》である、という人生観を確立するならば、その人はまさしく人生の意味を理解しつつある人であり、品性及び人生を完成するに至ることでしょう。

注

① **所化・能化**　仏教語。所化は、仏、菩薩、師などにより教化を受ける者（一般の民衆や修行中の僧）。能化は、師として他を教化する者（仏・菩薩あるいは高僧）。

② **ホスピス**　hospice　中世ヨーロッパで「旅の巡礼者を宿泊させた教会」が語源。がんや難病による末期患者に対し、延命を中心とした積極的な治療ではなく、心身の苦痛を和らげ、残された時間を充実、安心して過ごすことができるように介護に努める施設及びそうした活動のこと。

③ **ターミナル・ケア**　terminal care　末期医療、終末医療ともいう。もはや回復の望みがない末期患者に、苦痛を軽減し、精神的な平安を与えるように施される医療と介護。

④ **知識と知恵の系統**　ドイツの哲学者マックス・シェーラー（Max Schehler　一八七四～一九二八年）は、

人類の知識を三種に分けている。①支配の知は、自然界や人間社会、身体など、対象を利用し支配するための知識（科学技術の知）、②本質の知は、人間とは何者かなど、何がそのものの本質であるかということについての知識（哲学の知）、③救済の知は、人間の救いの実質とそれに至る方法に関する知識（宗教の知）、である。③の宗教の知は、主に死後の人間の霊魂の行方と地獄、極楽、天国を探求し、そこに至るために現世でなすべき善行《ぜんこう》を示す。（シェーラー『宇宙における人間の位置』）。

⑤ **マルクス** Karl Marx　一八一八～一八八三年。ドイツの経済学者・哲学者・革命家。エンゲルスとともに科学的社会主義を創始。『共産党宣言』によって、人類の歴史を階級闘争の歴史と見る史的唯物論を提唱。『資本論』を著し、十九～二十世紀の社会主義・共産主義運動の思想的指導者となった。

⑥ **唯物史観**　マルクス主義の社会観・歴史観。社会の諸現象の成立・発展・変化、また歴史の展開の究極の原動力は、社会の物質的・経済的諸要因（生産・分配等）によるとする見方。社会的・政治的及び文化的生活は、根本的には物質的・経済的生活の生産様式によって規定されるとされ、さらに生産様式は生産力の発展に対応して変革され、この変革によってやがて新しい政治・経済構造の社会が形成されると説く。

⑦ **「因幡の白兎」の物語**　『古事記』に見える出雲神話の一つ。兎が海を渡るために、鰐鮫《わに》を欺《あざむ》いて海の上に並ばせてその背を渡るが、最後に鰐鮫に皮を剥《は》ぎ取られてしまう。体を治そうとして潮に漬かり、かえって苦しんでいるところを大国主命に助けられるという物語。

⑧ **傾聴**　心を込めてよく聴くこと。とりわけ共感的傾聴は、アメリカの臨床心理学者カール・ロジャーズ（一九〇二～一九八七年）が創始した「来談者中心療法」の核心となる手法。現在、傾聴は、どのカウンセリング技法でも共通する大切なこととして考えられている（カウンセリングについては、倫理綱領も踏まえ

ているところの、水野修次郎『カウンセリング練習帳』を参照)。

⑨ **折伏**　仏教の言葉で、悪人や誤った考えを打ち破り、屈服させる教化方法。

⑩ **スピリチュアル・ケア**　元来、スピリチュアルとは、精神的（mental メンタル）よりさらに深く、全体的なものとして「霊的な、魂の」を意味する言葉。例えば、人生の意味や自分の存在意義、自己の運命や死の不条理への問い、それらに関連する魂の不安や希望、安らぎなど「心の深奥《しんおう》」にかかわる概念である。スピリチュアル・ケアとは、そのような人間の心の深部に配慮した介護を指し、人生の意味を見失い、苦悩する相手の「人生の意味の再興（建て直し）」を図る介護。本書では、日本のスピリチュアル・ケアにおいて、もっとも早い段階から医学的基礎をもって実践されてきた柏木哲夫氏の業績を主に参考にしています。柏木哲夫ほか編集『系統看護学講座』別巻一〇「ターミナルケア」第三版、二〇〇〇年、医学書院。

⑪ **スピリチュアルな健康**　スピリチュアル・ヘルス。一九九九年、世界保健機構（ＷＨＯ）総会において、これまでの三つの健康定義「体の（physical）、精神的な（mental）、社会的な（social）健康」に、「スピリチュアルな健康」を追加すべきことが提案されたことを契機に、「スピリチュアルな健康」という考え方への関心が高まっている。

⑫ **スピリチュアル・ペイン**　自己の運命への失望、および自己自身の存在と意味の消滅や混乱、動揺から生じる全体的・全人的苦痛。

⑬ **エリザベス・キューブラー・ロス**　Elisabeth Kübler Ross　一九二六〜二〇〇四年。スイス生まれのアメリカの精神科医。臨死《りんし》と死別についての心理を探求。著書『死ぬ瞬間』など。

⑭ **仏の方より誘われて**　他力念仏の立場であり、念仏するのも自分の意思と力や計らいによるのでなく、仏の慈悲が自分を招き、支えてくれているとする謙虚な自覚を述べた言葉。西方のイエスもムハンマドも同じような境地を語っている。

第十章　道徳実行の因果律

はじめに

古来、善因善果、悪因悪果ということがいわれてきました。すなわち、善《よ》い行いには善い報《むく》いや結果があり、悪い行いには、それに応じた悪い報いがあるというのです。この考えは地球上の全人類が共有する観念であって、これを信じない人はいないと思われます。しかし、これだけでは人生の指針として十分ではありません。

道徳実行の効果を確信し、実際に優れた効果を上げるには、私たちの精神作用と行為を原因とし、それが期待された結果を生み出すことを証明できることが望まれます。すなわち、何がより有効な精神と行為であるかを、できる限り科学的に明らかにし、有効な精神と行為の内容を明示することは、大いに期待されるところです。

モラロジーでは、地球上に出現した生物が、四十億年にもわたって進化の旅を続けていることに深く留意し、人間が真の創造的進化をとげる道を探求します。そして、そのためには、神仏の心を継承し、万物を生育する高度な道徳的精神を日常生活で実行することが、極めて有効であるという結論に到達しました。すなわち、精神を中心においた最高道徳の実行によって、はじめて偉大な効果が発揮されるということが明らかになったのです。

一、因果律の理解と人生観の確立

（一）精神と行為の因果律

どのような人の人生にも、希望と喜びのあふれる順調な日々もあれば、予期に反する出来事に出会って苦しみ、悲嘆に暮れる日々もあります。そのとき、人生のうえに精神と行為に因果律①がはたらいていることをよく知らず、人生の正しい標準に照らしてみずからの心と行いを正し、善化していく道を発見できないとすれば、途方に暮れることになります。

しかし、精神と行為の因果律を理解すれば、希望をもって事態改善の努力をすることができます。私たちの過去からの精神と行動が原因となって現在の生活がある、特に今後の人生は、今からの自分の精神の改善によって改善できるという確信が湧いてきます。精神と行為の因果律というものについて認識を深め、この原因・結果の法則を活用すれば、今の困難や不幸を軽くし、人生を改善し、希望をもって人生を歩むことができます。

とりわけ精神に因果律があることを否定したり、軽視したり無視したりすれば、人生を開拓する精神の偉大な力、創造的な働きを知らずに人生を送ることになります。喜びや苦しみ、悲しみも自分の心が原因となって、みずからがつくり出していることに気づかず、物事を改善する手がかりを掴《つか》めないままに、人生を終えてしまいます。

私たちの精神は、あらゆる行為の原動力となるすべての要素を含んでいます。感じること、考えること、判断すること、決断し意思すること、また、愛すること、育てること、感謝すること、祈ること、反対に嫌うこと、憎むこと、妬《ねた》むことにはすべて大きな力があります。

人に知られないどころか、自分さえはっきりと自覚しないで行っている小さな善い心づかい、だれもが見過ごしがちな小さな悪い心づかいでも、その積み重ねは、いずれもやがて大きな結果を生み出します。「積小為大《せきしょういだい》」（二宮尊徳）というように、微善《びぜん》の累積《るいせき》は思わぬ幸運をもたらし、小悪の累積は思わぬ事故や困難を生み出します。「持久《じきゅう》、微善を積んで撓《たゆ》まず」といわれるゆえんです。心づかいや行動の習慣が品性を形づくり、私たちはその品性にもとづいて日常のすべての物事に対応し行動するからです。

（二）世界諸聖人の説く因果律

世界の諸聖人は、人間の精神と行為の因果律について、詩や物語や啓示《けいじ》の形で分かりやすく説きました。それは今日まで、人類を導く指針となり、人類文明の基礎となっています。

①孔子

孔子の言葉は、こう伝えられています。

子いわく、その以《もっ》てする所を視《み》、その由《よ》る所を観《み》、その安《やす》んずる所を察すれば、人いずくんぞ隠《かく》さんや。人いずくんぞ隠さんや。（『論語』為政第二）

人間は、その行っていることを注視し、その由来する心を観察し、その人がどんなことに満足しているかを見れば、その人の心の内容、性質が隠しようもなく判明するということです。表面に現れている姿から、心の状態を洞察《どうさつ》できるというのです。

私たちの精神は絶えず動き、身体も絶えず活動しつづけています。それはとりも直さず、未来の結果を生む原因を刻々と積み重ねていることになります。現在の精神と行為が、未来に現れる結果の原因になっています。この事実を自覚できれば、今、ここで使う心一つ、行う行動一つをゆるがせにはできません。

また、孔子がその編纂に深く関係したと伝えられる『易経《えききょう》』にはこうあります。

善を積むの家には、必ず余慶《よけい》あり。不善を積むの家には必ず余殃《よおう》あり。（文言伝）

喜びの多い心豊かな家庭生活を築くのも、一家を滅ぼし、不幸や悲惨を招くのも、善または不善の長い積み重ねの結果であろう、ということが語られています。

②釈迦

釈迦の教えは、次のように述べられています。

すべてのものを導くのは心です。心が主《ぬし》であり、心がすべてを引き起こします。汚れた心で話し語り行えば、苦しみは、車輪《わだち》がそれを引く牛に従うように、その人について回ります。清らかな心で、話し語り行えば、影が形に添《そ》って離れないように、楽しみはその人について回るのです。

（『法句経』）

すべての事柄を生じさせているのは心であり、苦しみも楽しみも、すべての根本因は心にあります。汚れた利己的な心で話し行動すれば、他の人から疎《うと》んじられたり衝突したりすることになり、苦しみを生じます。打算のない道徳的で清らかな心で話し行動すれば、いつも気持ちは穏《おだ》やかで、他の人とも心地よい関係ができ、日々の生活は楽しさにみちていきます。

③ソクラテス

古代ギリシアの哲人ソクラテスは、無知によって生じる過失や正義に反した行為を正すために、知徳一体の知恵を得ることの大切さを説きました。

ソクラテスは、幸せになるには正しいこととは何かをよく知り、行為を正しく導く知恵を養うことが肝要であると述べています。

われわれはだれもが幸福であることを心から望んでいる。しかし、そのようになるのは物を用いること、しかも正しく用いることによることが分かったし、さらにこの正しく用いること、うまく用いることをもたらすのは知識であると分かったのだから、人はだれもができるだけ知恵のある人になるように、何としても身を修めなければならない。（『エウテュデモス』）

④イエス

イエスの言行を記した『新約聖書』には、心が言葉や行為となって表れると随所《ずいしょ》に述べられています。

人を汚《けが》すものはなんでしょうか。それは、人間の内面から出てくるもの、つまり、心の中にあるさまざまな悪い考えです。淫乱《いんらん》、盗み、人殺し、姦通《かんつう》、悪だくみ、詐欺《さぎ》、好色《こうしょく》、中傷、高慢、無分別など、あらゆる種類の悪は人間の内から出てきて、その人を汚します。（「マルコによる福音書」七章二〇節～二三節）

原因と結果の関係を端的《たんてき》に指しているところもあります。

すべてよい木はよい実を結び、悪い木は悪い実を結びます。（「マタイによる福音書」七章一七節）

いずれの章句も、目に見えない胸の内なる精神が、その内容どおりの結果を生むと語っています。

⑤ムハンマド

アッラー②は、預言者ムハンマドの口を通じて、次のように語り、伝えさせています。

不可知《ふかち》なるものを信じ、礼拝の務めを守り、我ら（アッラーの自称）の授け与えた（よき）ものを惜しみなく頒《わか》ちほどこす人々。また汝《なんじ》（ムハンマド）に啓示されたもの（『コーラン』）ならびに汝に先立って啓示されたもの（モーセの律法、及びイエス・キリストの福音）を信仰し、かつ来世を固く信じて遅疑《ちぎ》することなき者ども。かかる者どもこそ己《おの》が主の導きの道を踏み行く人、かかる者どもこそやがて栄達《えいだつ》に至《いた》る人々。

（『コーラン』井筒俊彦訳、岩波文庫版にもとづく）

⑥日本文化に見る因果律の考え

日本の伝統的な古神道《こしんとう》の思想にも、同じく精神の因果律を物語るものがあります。病気・災厄《さいやく》などを引き起こすのは、人間の罪や不浄《ふじょう》であるから、禊《みそぎ》・祓《はらえ》によって身と心を清めることが、人間の運命改善にとって根本である、というのがそれです。禊の簡略化したものが、神社の入口で参詣者《さんけいしゃ》が手水《ちょうず》を使う儀式です。

また、古来、六月と十二月に、宮中をはじめ全国の神社で「大祓《おおはらえ》」③の神事が行われていますが、そのとき神に向かって誓う「大祓詞《おおはらえのことば》」というものがあります。これによれば、人間の病気、災難、不幸の原因を、人間の精神と行為における罪穢《つみけが》れにあるとし、そのことを神に謝罪し、みずから反省、改心します。そのように、人々が精神を神の心に一致するよう改めれば、罪穢れが祓《はら》い清められ、健康となり、幸福になる、と考えています。

これは、個人のみでなく、一族、地域社会、国家についても当てはまると思われていました。特に集団のリーダーには、罪穢れの責任が問われ、それを祓い清めることが求められました。

(三) 因果律と善悪の標準

自然界それ自体には、善悪というものは考えられません。人が生まれて死ぬのは善悪をこえた自然現象ですが、生は喜び、死は悲しみます。善悪は、人間が生活の発展と幸福との関わりで採用する一つの価値の判断です。

人間世界の因果律を確かめるためには、何が善か、何が悪かについて標準を定めなければなりません。標準が明確に分かり、また安定し動揺しないものでなければ、何がよい結果であり、悪い結果であるかも判断できないからです。

歴史を通観しますと、人間の活動の究極的な目的は、生存・発達・安心・平和及び幸福の実現です。二十一世紀の世界の目的からすれば、持続的発展と人間の安全保障がそれにあたるでしょう。それに近づき、その動向を促進することが善であり、それらを妨げ、不安定にするものが悪と考えられましょう。

道徳実行の効果を明らかにするということは、結局、どのような精神と行為が、個々人及び集団の生存・発達・安心・平和・幸福を真に実現することになるのか、その因果関係を広い視野で総合的に探究することにほかなりません。

ところが、道徳については、世間一般の常識でも学問のうえでも、一方で「動機主義」というものが有力です。実行のはじめの動機が、なさねばならない義務であるから行うというように純粋であるか、または完全に利他的であればあるだけそれは良好な道徳である、とみなす立場です。結果よりも、動機の良否《りょうひ》に重きを置く考え方です。しかし、これは不完全な見方であって、最終的な結果の善し悪しを問わないのでは、実際生活上困ることになります。

他方には、「結果主義」の立場があります。結果さえよければ、動機や目的、方法は重視しないと考えるものです。結果主義は、最終結果がよいか悪いかを問いますが、出発点である動機・目的の内容や実行途中の精神のあり方を軽視しますから、これもまた不十分な考え方でしょう。

実際の生活改善に役立つ力を備えた道徳とは、動機主義と結果主義のどちらか一方ではありません。道徳は、置かれた状況、時、所の中で、動機、目的、方法、途中の精神と行為、生じた結果とその解釈や意味づけまで、全体を考慮に入れた総合的なものでなければなりません。

道徳の評価の立場

①動機主義の立場——動機が純粋でありさえすればよい。
②結果主義の立場——結果さえよければすべてよし。
③総合の立場———動機、目的、方法、実行中の精神作用、結果とその意味づけがすべて問われる。

また、道徳実行の効果は、いろいろな形で現れます。その場でただちに現れる場合もありますし、長く実行を続けているうちに徐々に出てくる場合もあります。

ただちに現れる効果、すなわち短期的（即時的）効果としては、例えば、こちらの親切や思いやりによって、家庭や職場などの人間関係が改善されるとか、よいことを行っているという確信によって、心が晴ればれとなるなど、さまざまなものがあります。安心や喜びという精神的な面を考慮に入れれば、道徳実行ははかり知れない効果を生み出します。

他方、長い時間かかって現れる長期的効果とは、例えば、自然の法則にかなった心づかいや生活習慣が、体の働きを良好にして健康や長命をもたらすとか、他人の信頼や人望が増して事業が発展し、物事が順調に運ぶようになるなどです。おのずと徳の高い人との交際が増えて、しだいに好運命が開けてくることもあります。

長期の効果は、日々の短期的な効果を積み重ねた結果と考えることができます。儒教の古典である『中庸』には、

至誠は息む《や》無《な》し。息まざれば、すなわち久《ひさ》し。久しければ、すなわち徴《しるし》あり。

とあります。至誠、つまり真心での道徳の実行というものは中途半端に終わらず、じっくりと長く続くものであり、長く続ければその成果がおのずと現れるということです。道徳の実行は必ず良好であるとの確信に立って、力まず、一歩一歩、安心して専念すればよいわけです。

二、道徳実行の要点と効果

（一）動機・目的・方法と効果

個人でも集団でも、普通道徳では、自己の感情と利益を動機・目的とし、しかも成功や幸福を直接得ようとするため、どうしても視野が狭くなります。また、早く効果を上げようとして焦《あせ》りや力みが伴ったり、自己の主張や正義を押し通そうとして他との不和や不平不満が生じやすいのです。自分の思い通りにならないと怒りを発し、心の平和や喜びを失うことになります。

最高道徳では、動機として、自己の過去の過失や努力不足に対する贖罪《しょくざい》を心がけ、また頂いた恩恵に対する感謝報恩の精神と義務先行の心を失いません。したがって、何事に取り組むにも、自己の品性完成を直接の目的として精神の向上に努め、人格の発展を求めて努力します。成功や幸福を直接の目的とするのではなく、それらは品性の向上に伴《ともな》って得られる自然の結果であると考えます。

普通道徳では、自己の信念や信条だけを頼りに行動するため、謙虚さや堅実《けんじつ》さが見られません。自己の現在の力や才知《さいち》才覚《さいかく》を頼みとして頑張り、あるいは十分に実力を養う努力を払わずに、一足飛びに大きな結果を得ようとして、ずさんな方法をとることが多いものです。そのため、無理を重ねて健康を害し、人生の途中でつまずき、せっかくの天分や可能性を生かし切ることができません。他人に対する心配りも欠いていますから、人間関係も損ない、周りの人や社会の利益に反する方法に走ってしまいます。

最高道徳では、自分の力を過信せず、無理な方法をとりません。事にあたっては、ふだんから周到《しゅうとう》な準備をし、実力を涵養《かんよう》してかかります。したがって、みずからの心身を傷《いた》めることもなく、周囲の人々や社会のことにも配慮します。広い視野に立ち、着実な判断によって状況に応じた適切な行動を選び、物事に建設的に取り組みますから、成功する確率《かくりつ》は高くなります。また、人間関係づくりの面では、正義の標準にもとづいた公正な行動を心がけ、人を生かし育てる慈悲の精神で行動しますから、人との争いを生むことが少なく、物事を円滑《えんかつ》に運ぶことができます。

また、心に焦りや不平不満が生じることがなく、感謝と平穏《へいおん》な心をもって着実に歩み、実行の積み重ねによって、安心と喜びの多い人生を実現することができるのです。

(二) 結果の受け止め方と効果

道徳の実行では、得られた結果とその意味づけ方が、決定的に重要です。結果の受け止め方しだいで、よい結果はさらによくなり、一見すると悪いように思われた結果でも、よい結果へと変わっていくのです。

人生に失敗や挫折、困難はつきものです。人間は有限な存在であり、その力には限界があります。それゆえ、どんなに努力しても思いどおりにならないことがしばしば生じます。

そのような場合、私たちは、得られた結果が望ましい場合は喜び、感謝しますが、結果が望ましくない場合は、容易にそれを受け止めることはできません。自分の責任を転嫁《てんか》して他人を責めたり、他人はおろか、みずからの人生を恨《うら》んだり、果ては「神も仏もあるものか」と天を恨んだり神仏を呪《のろ》ったりすることさえあります。いったん困難に遭遇して挫折すると、極端に悲観し、「もうどうにでもなれ」と、みずから進んで改善に取り組む努力を放棄してしまうこともあります。

最高道徳では、よい結果が出れば、人や社会のおかげ、神仏の恵みのおかげと感謝して、明日からの生活の準備を怠《おこた》りません。かりに思わしくない結果が出ても、自己の品性の向上と反省の機会を与えられたものとして、感謝と喜びをもって受け止めます。このとき、「苦悶《くもん》の中に自暴自棄《じぼうじき》せず」という精神が指針となります。

失敗のいきさつを落ち着いて検討し、個人としても集団としても、事態改善の責任を進んで引き受けます。成功に傲《おご》らず、失敗に学び、すべてのことを自己の反省の材料として受け止めますから、人生と社会を開拓する新しい希望と勇気、そして課題解決の知恵が湧いてくるのです。

(三) 時代、時機、場所、場合への配慮

そのほか、時代、時機《じき》、場所、場合などの条件に配慮することも、効果の善し悪しに大きな影響を及ぼします。時代錯誤の道徳では、自分にも相手にも第三者にも利益を与えることはできません。日常生活では、例えば、親子をはじめ、その他の家族関係などで、世代の違いからくる深刻な反目《はんもく》や行き違いがしばしば見られます。お互いが依《よ》りどころにする価値観や道徳の内容が、時代によって異なるためです。このようなときも、自分の立場だけに固執《こしつ》するのでは、解決は困難です。お互いに相手に対して寛大な心になり、尊敬と思いやりをもって接するとき、しだいに解決の糸口が見つかるようになります。

また「郷《ごう》に入《い》れば郷に従え」といわれます。各国や各地方の風俗、慣習、法律、信仰などに反することは、せっかくの善意から行ったことでも、道徳にならないことがしばしばあります。

そして、物事への対応には、臨機応変《りんきおうへん》が必要です。場合によっては迅速《じんそく》を尚《たっと》ぶこともありますが、迅速よりも確実さや美しさを重視することもあり、あるいはすべてを兼ね備えなければならないこともあります。

思わしくない結果の多くは、私たちが自分本位に考えるか、知徳が不足し、時代、時機、場所、場合への配慮に欠けているのに気づかないときに起こります。よい結果が現れない場合には、相手や状況のせいにするのではなく、みずからの取り組みの不十分なことを反省し、時機など十分に注意を払っていくことです。

三、運命を改善する心構え

(一) 科学的な安心立命

因果の法則を理解することは、良好な結果を得るためのもっとも合理的な精神であり、問題解決にあたって、正しい解決を目指す責任を進んで遂行する姿勢につながります。このような考え方にもとづいて生きることは「科学的安心立命《あんしんりつめい》」の生き方といえます。

安心立命とは、元来、仏教の言葉です。安心は心配や不安のないことであり、人生上の出来事、健康、収入、人間関係など、自分に関わる物事の将来について、「一定の予測がつき、見通しを立てることができる」という心の状態です。暗い予想でも明るい予想でも、ともかく予測がつくことであり、予測がつけば対策が立つので不安は少なくなります。立命は人生の目標を立て、心に迷いがなく核心をもってそれに向けて進むことであり、希望を抱き、生きがいのある状態です。

この科学的な方法とは、原因が明確に分かり、その原因を取り除いたり結果を改善したりすることにより、課題が解決できる場合の考え方で、そのときには、個人として、あるいは集団、国家として、各々の責任においてそのように努力すべきでしょう。

このように、出来事を原因と結果の関係において科学的に理解するということは、問題を解決し、人生を開拓していくもっとも確実な方法であるといえます。そして、おおむね、原因を改善すれば結果も改善されるという現実を経験しますから、その経験によって知恵と力を獲得することができて、希望をもって人生を歩むことができるでしょう。

しかし、人間の世界の出来事には、これまでに発達した科学では分からないことが数多くあります。さらに、原因がはっきりしない場合や、はっきりしていても、もはや元に戻れず取り返しのつかない場合、あるいは原因が何であれ、体の痛み、心の苦しみのように、自分自身が結果を受け止めなければならない場合もあります。

このようなときには、原因の究明や排除に固執すれば、かえって問題解決は遠ざかっていきます。問題や課題を全体として受け止めたうえで、過去の原因を問うより、未来に向かって事態の改善に取り組むようにすることが肝心です。「原因を追わずして後《のち》を善くすることを図る」という精神が有効となります。

「覆水盆《ふくすいぼん》に返らず」④という言葉は、人間の生き方にとって決して無視できません。難しい生活習慣病を発症しますと、容易なことでは元に戻ることはできません。戻ろうとするよりも、「病とともに生きる」ことに覚悟を決めて、養生《ようじょう》に努めるほうがよいでしょう。

世の中には、よく分からない複雑な原因が重なって、障害をもって生まれる、重症の病気や難病になる、入試に失敗する、事故や事件に巻き込まれる、失業する、会社が倒産する、国家が戦争に負け甚大《じんだい》な戦災に苦しむ、などの結果が生じます。

これが運命であり、人生というものでしょう。このような場合には、科学的因果律にもとづいた理解の仕方だけでは安心は得られません。もっと広い立場から、出来事の意味の解釈を含めた対応が求められるでしょう。

（二）唯心的な安心立命

私たちが運命と呼ぶものには、生まれ育った自然環境や家庭環境、それに加えて遺伝因子が作用します。このほかにも、他人の意思や行為、社会の制度、歴史、自然災害など複雑な原因が重なり合っているでしょう。しかも、それらの諸原因の絡《から》み具合がよく分からないものが少なくないのです。とりわけ、大病にかかって再起不能になるとか、家族に大きな不幸が襲うとか、全財産を失うとか、法にふれて罪人になるとか、人生の一大困難に出会って一歩も前進できない場合には、科学的安心立命による解決は困難です。

その大困難には多くの原因が考えられるでしょう。いずれにしても、「なぜほかの人ではなく、自分が出会わなければならないのか」という究極的な問いには答えられません。自分の人生はだれか他の人に代わってもらうこともできません。自分に関するどのような結果もすべて自分が受け止め、いっさいを引き受けて、解決に取り組むという、自力更生《じりきこうせい》の人生観に立たなければならないのです。

私たちは、このような場合には「唯心《ゆいしん》的安心立命」という自覚に立つほかありません。これは、いわば絶体絶命に立ったときの覚悟の方法です。そのとき、最高道徳では、世界諸聖人にならって、次のように考えます。ここには二つの考え方がありましょう。

一つは過失贖罪《しょくざい》型です。まず自己の運命を回想し、深く自己に反省します。すなわち、私は神仏に対し、人間社会に対し、自己のなすべき義務を忘れ、自己の踏むべき道を踏まず、ついにこうした運命を招いたのかもしれない、と心から反省するのです。そして、この過失および罪を贖《あがな》うために、一身を神仏及び社会の前に犠牲として供《そな》え、一意専心《いちいせんしん》、世界人心の開発救済を行わせていただきます、と誓うのです。

もう一つは、使命自覚型の安心立命であって、次のように考えることです。

自分がこのような境遇に至るということは、神仏、天地自然からの「ありがたい恵み」かもしれない。不治《ふじ》の病にかかること、障害をもって生まれること、事件や事故、天災に出会うことについて、自分としては、はっきりした過失や原因は思いつかない。原因を尋ねるとすれば、おそらく天地自然、神仏の選びによって、自分が全人類の中からこのような問題に取り組むという特別の使命を与えられたものか。その使命に挑戦することを通じて、自分の人生に新しい使命や意味を与えることができるか、あるいは人類に対し、何ほどかの善をもたらすことにつながるのではないか。私の問題は、そのための恩寵《おんちょう》として私に恵まれた機会であるにちがいない。ただ今から、喜んでその使命に応答させていただこう。

これらは、昔から「恩寵的試練」として伝えられている受け止め方です。苦難は、天や神仏から愛されることの証《あかし》として、試練として到来するものと受け止めるのです。

以上の二つの型の運命正受《しょうじゅ》は、実は表裏一体のものです。いずれも、自分がこのような問題に直面するのは、それに取り組むことによって、自分自身のために、また人類のために、よりいっそう品性の向上・完成に向かって努力を捧げてみなさい、という神仏からの呼びかけ、「召命《しょうめい》」（calling）であると考えて、それに応答することを誓うのです。

このように、唯心的安心立命とは、天地自然や神仏の思いやりと愛の配慮を感じて、「自分は心において、よりいっそう成長する機会を授けていただいたのである、ありがたいことである、この苦しい課題に進んで取り組もう」と考えることであり、感謝と勇気を生みだす生き方です。それは、ひたすら天地、神仏を信頼し、自己の至誠・慈悲の限りを尽くして人心の開発救済に従事し、自己の品性を根本的に改善して、まったく新しい生涯を開こうとする不動の決意であり、熱烈な信仰でもありましょう。これは、ヴィクトール・フランクル（七〇ページ・注②参照）が示したように、人生における出来事や試練の意味を悟ることとなり、人生に明るい光明が訪れるでしょう。

(三)　社会文化や自然環境の改善

前述のように、私たち各人の人生や運命を左右するものには、社会の要因や家庭、職場など周囲の状況もあります。したがって、私たちは、自己の精神と行為という狭い範囲での品性の改善にとどまらず、自然環境をはじめ、社会の仕組みや風潮、各自の職場の環境、家庭の文化なども視野に入れて、それらの改善を心がけていく高い品性が要請されます。

人生や運命を改善するために、もっとも基本的なことは、まず身近な暮らしの中で、みずから最高道徳の実行によって品性の向上を図り、家庭における夫婦や親子の間など、人間関係を良好にし、職場の環境を改善することです。さらに、各地域においては、社会の組織や制度や文化、治安など、公共財の改善に努めることです。また、人種差別や文化差別も重大ですから、この面での改善にも協力していくことです。最高道徳の精神で生きる人は、この自分の内と外、自と他の両面の課題を一体不《いったいふ》二《じ》のものと心得て、その改善に献身することが望まれます。人々とのつながりなしにひとり孤立して行う道徳は、つねに利己主義に陥りやすいことに注意しなければなりません。

以上のように道徳実行とその結果つまり幸福との因果関係は、複雑な内容と広がりから成り立つものです。ここで、それを整理しておきましょう。

①自己の精神作用と行為が、直接、自己の精神にもたらす効果、すなわち実行する本人の安心、希望、喜びを左右します。
②精神作用と行為が、健康、寿命、地位、名誉、仕事に与える効果の良否を決めます。
③精神作用と行為が、学校のような団体、会社、その他の組織の運命を変化させます。
④精神作用と行為が、子孫繁栄、国家の平和や発展などに与える効果を変化させます。
⑤精神作用と行為が、ある国もしくは地球の文明文化、風土、環境、国際平和に与える影響を変化

させます。

倫理道徳というものを、どんな効果を生み出すかという視点から考えるだけでも、精神上、偉大な効果が得られます。なぜなら、私たち自身の精神作用と行為をこの角度から眺めるならば、それが直ちに私たち自身の心を励ますことになるからです。特に、感謝とか、希望、愛というような精神は、直接すばらしい効果を生み出すことが分かります。この事実に気づくだけでも、私たちの人生は確実に力強く明るい喜びの方向へと転換して、やがて幸福に向かう道が整っていくことでしょう。

四、因果律を確信することの効果

モラロジーは、私たちの精神とその結果との間に因果律が存在することを明らかにします。そして、人生や運命を改善する鍵は、ほかでもない私たち自身の日常不断の精神作用と行為にあることを明らかにします。それはまた、私たちの日常の精神と行為に責任が必要であることを示します。各自のこれからの人生に進んで責任を負うところから、品性が向上し、おのずから安心や喜びにみちた幸福な人生が開けてきます。

因果律を知れば、道徳の実行に勇気が生まれます。孔子は「仁者《じんしゃ》必ず勇あり、勇者必ずしも仁あらず」と述べていますが、このように道徳の実行には勇気が必要です。自分ひとりだけが行っては損だとか、忙しく余裕がないからできないと考える人も多いのですが、どのような状況にあっても、少なくとも心の中では率先して最高道徳を実行できます。「率先《そっせん》善を認め勇を鼓《こ》してこれを貫く」、あるいはまた「徳は孤《こ》ならず、必ず隣《となり》あり」（『論語』里仁第四）という励ましを、絶えず心に保っていきます。

最高道徳は、心づかいを基本とする道徳ですから、いつでもどこでも実行可能なものです。これを知れば、それぞれの生活の場で、最高道徳をいつでもどこでも実行するようになり、よい心の習慣がついてきます。

私たちは、自分の心の中で実行を始め、よい結果が生じることを確信できます。つねに心の中で他の人々を思いやり、親切を尽くし、尊敬することです。もちろん、可能なときには進んでその精神を具体的な行為や形に表して行動します。形に表れない場合にも、心の中ではいつも他人の幸せを願い、さらには人類社会の平和と発展を祈る精神を保っていくことができましょう。

最高道徳の最終効果は、生きる意味、人生の意味の実現にあります。私たちは個々の生命体としてまた集団として、生きる意味を探求します。個人としての意味の要点は、新たなる創造、出会い、苦難の意味転換であり、それらすべてを善化する品性の完成です。また、家族や国家という集団では、存続発展と平和、個性豊かな文化の開花です。道徳の実行とはそのための道であり、最高道徳はその優れた道となります。

私たちは、そのようにしてみずからの生きる意味が実現したときに、社会の平和と、安心と喜びとを感受し、幸福を形成していきます。この社会の平和と個人の幸福とは、決して一足飛び《いっそくと》に実現するものではありませんが、少しでもその意味実現の目的に向かって歩んでいると思うことができるならば、私たちの人生は限りなく充実したものとなるでしょう。

注

① **因果律**　すべての物事は、ある原因によって生じ、原因がなくては何も起こらないという法則。科学・技術の世界、その他、人間のあらゆる活動の指針を立てるための必要不可欠な考え方。

② **アッラー**　アラビア語の「神」を表わす言葉で、イスラム教における唯一神。全知全能、天地万物の創造者・支配者で、大慈大悲のもち主とされる。イスラム教信仰の中心は、アッラーへの服従であり、アッラーに完全に身をゆだねることにある。

③ **大祓**　中古、六月と十二月の晦日《みそか》に、親王、大臣以下百官の男女を朱雀門《すざくもん》前の広場に集めて行った、国中の罪や穢《けが》れを祓い清める国家的神道行事。現在も宮中はじめ各神社で行われる。

④ **覆水盆に返らず**　覆水とは、こぼした水のこと、一度してしまったことは取り返しがつかないことをいう。この言葉は、周の呂尚（太公望）と妻の馬氏の夫婦の故事による。呂尚が読書ばかりして働かなかったので、妻の馬氏は離縁をして去った。のちに呂尚が出世すると、馬氏が再縁を求めてきた。呂尚は盆から水をこぼし、水をもとに戻せたら求めに応じようと言ったが、馬氏は水をもとに戻すことはできなかったというもの。

最高道徳実行のすすめ

私たちの倫理や道徳にとって、今後の課題はどこにあるでしょうか。それは次のように考えることができるのではないでしょうか。

①分かりやすい倫理道徳の説明と有益な実行の指針を適切にまとめ、体系化し、実行しやすいように示すこと。

②学校や会社、病院などの組織で、倫理や道徳を説明したり教えたりする人が、人格・品性の力をつけ、人生を深く知り、現場のニーズによく応えること。

③救いの問題に苦しむ人に対して、きれい事の徳目を並べるだけにとどまらず、真に援助できること。

④倫理道徳において、学問的にも実践的にも、現実の問題に取り組む知恵と知識と方法、政策、実力を鍛えること。

倫理道徳の真の力を発揮するには、こうした課題を解決することが必要です。

モラロジー研究所は、温故知新《おんこちしん》の精神から、世界の諸聖人の最高道徳を出発点とし、課題に挑戦しています。そして、世界諸聖人に始まる宗教の実力を高く評価し、そのエッセンスを現代の倫理道徳の中に導入します。と同時に、歴史の現実を踏まえ、科学技術の知識と方法を用いて、有効な実行原理と指針を探求し提案します。

本書にいう倫理道徳は、現代では、いわゆる倫理学や道徳学に限定された学問だけではなく、人生の改善と社会の進歩に有効なあらゆる叡智を統合した「総合人間学」への発展が見込まれます。と同時に、医療、科学技術、ビジネス、カウンセリング、法律家の倫理など、専門倫理の基礎となることが期待されます。

そして、倫理道徳はそれを伝える人の人格全体が高潔で、しかも力強くなければ効果を発揮しません。みずから実行して人格・品性を磨き、かつ問題解決の実力を備えていることが求められます。

最高道徳の実行には、いくつかの注意点があります。

第一に、最高道徳は、普通道徳の良質の形式や作法や慣習を保存し、それに最高道徳の精神を込めて実行します。この点を軽視すれば、しばしば人々との間に摩擦《まさつ》が起き、さまざまな場面で支障をきたします。

遵法（コンプライアンス）の精神で、大きくは国際法と国際慣習、国家社会の中では法律や各種のルールをよく守ります。それらに含まれる不都合な側面を改善するには、お互いに協力し妥当な手続きを踏んで、合意のうえで取り組みます。

第二に、道徳をつねに精神において実行することです。「心の実行」ともいえます。道徳は、心による実行という側面では、いつでも、どこでも、どのようにも実行できます。

第三に、最高道徳の実行は、自己の責任において行うものであることを悟ります。道徳は、他人から強制されて行うものではなく、私たち一人ひとりの自覚にもとづいて、各人の責任で実行するものです。最高道徳の話は共同的に聞くことができても、その実行は、一人ひとり個人ごとに異なり、自分の責任で行うという心になります。

第四に、自己の努力の成果は自己が独占せず、他人に譲ることです。道徳実行の結果を自己のために求めると、成果を早く出そうと焦《あせ》り、苗の芽を早く伸ばそうとして引っ張り、かえって枯らしてしまうことになります。

第五に、「天爵《てんしゃく》を修《おさ》める」（孟子）、「天に宝を積む」（イエス）の言葉にならって、つねに自己の品性を高めることを直接の目的とし、具体的な幸福の条件の獲得にこだわらないことです。こだわると、焦りと不満の心が生じ、落ち着いて品性向上に努めることもできなくなります。特に、他人との比較に目が移ると、うらやましさの感情に押されて、不平不満に駆《か》られ、道徳の実行どころではなくなります。

第六に、神仏への敬虔《けいけん》な信頼と信仰をもつことが不可欠です。ここから勇気も出てきます。いっさいを神仏の恩寵《おんちょう》として受け止めれば、自暴自棄にならず、小事《じょうじ》に心を左右されず、事態の改善に沈着冷静に取り組むことができます。

倫理道徳の実行は心づかいでの実行ですから、各人がいくらでも広く深く実行でき、同じ些細《ささい》なことでも味わいが深まるものです。朝の日の出、日の入り、小雨の味わい一つ、仕事、勉強、人との交わり、その他、それぞれの場面において、はかり知れないくらい深めることができます。

たらちねの　母がかたみと　朝夕に
　佐渡の島べを　うち見つるかも　（良寛）
われと来て　あそべや親の　ないすずめ　（小林一茶《こばやしいっさ》）

武士《もののふ》の　鶯《うぐいす》聞いて　立ちにけり

（新渡戸稲造『武士道』）

このように、今から荒々しく戦場を駆けめぐろうとする武士も、風流《ふうりゅう》の心を求めたのです。佐渡も、雀《すずめ》も、鶯も今までどれだけの人が目にしているでしょう。しかし、優しく柔らかい心情を詩《うた》へとつくり上げた人は多くありません。けれども、こうした詩を学ぶなら、その高い境地に向けて、だれでも旅をすることは可能です。生涯にわたって学びが大切なのです。

とりわけ心での実行は、要求せずとも、その結果がすぐに生じますから、自分自身で効果がよく分かります。「よき継続はよき力なり」です。稔《みの》りの秋が訪れるとき、みずから豊かな果実を収穫することができるでしょう。善種を地に播《ま》き、善樹《ぜんじゅ》を育て、善果を獲《と》り入れましょう。

あとがき

本書は、倫理道徳に関する新しい学問であるモラロジー（道徳科学）の概要を紹介するものであり、モラロジーが提唱する道徳原理である最高道徳にもとづいて、今日の人類が共有可能な倫理道徳の具体的な内容について提言し、人類社会が当面する困難な諸問題の解決に一石を投じようとするものです。

従来の道徳哲学でも倫理学でもない総合人間学としての道徳学の提唱は、現代社会におけるひとつの挑戦です。激動の世紀を生きる人類が直面する諸問題は複雑かつ深刻なものばかりで、特定の方法論にもとづく専門学や専門分野からの知見のみで解決することは極めて困難です。モラロジーは、知の地平を拡大し、歴史の現実を踏まえ、科学技術の知識と方法を用い、多数の人々の経験や哲学・宗教の叡智も参照し、温故知新で世界諸聖人の教説にも学びながら、それらを総合して個人の幸福と人類社会の平和と発展への道を、できるだけ多くの側面から、より高い次元から、より深い根底から考察しようとするものです。

この挑戦は同時に冒険でもあります。つまり本書は、法学博士・廣池千九郎が著した『道徳科学の論文』（初版、一九二八年）にもとづき、その後の倫理道徳に関する知見を広く渉猟《しょうりょう》しながら、今日における倫理道徳に関する研究と実行の具体的な方法を探究するものです。この探求の試みが、現実社会における事実の検証に耐え、今日の複雑な問題を倫理道徳の視点から解決するための有効な処方《しょほう》箋《せん》になり得るものであるかどうかは、ひとえに読者の判断にまたなければなりません。

人類社会は、今日、情報化と経済のグローバル化によって、世界中の人々や国々がいやおうなく密接な相互依存関係の中に置かれることになり、共に地球環境の破壊や民族・宗教の激しい対立抗争に苦悩しています。一方で、生命医学倫理、企業倫理、情報倫理、環境倫理など、個人の生き方・考え方に基礎を置きながらも、個人をこえた専門領域や公共の場でのコンセンサスづくりが要請される、人類がいまだかつて経験したことがない新たな倫理道徳問題の台頭に直面しています。今日の道徳学は、これら個別の問題領域における解決策を用意するとともに、多様な文化的背景をもつ人類が共有可能な普遍性をもった道徳原理を提示するという、二重の要求に同時に応えていかなければならないのです。個別の具体的な倫理道徳問題についての議論を深めながら、それらを包括する体系的な道徳原理を構築して人類的課題に応えていくことは、決して容易なわざではありません。

本書は、人類の生存・発達・安心・平和・幸福こそが究極の善であり、この究極善を人間生活のあらゆる場面で実現する営みが倫理道徳であるという立場から、人類社会の困難な課題に取り組もうとしています。人間は大宇宙のうちに住まう小宇宙として、天地自然から、諸々の生命体の秩序と調和を図り、人類社会の発展と幸福を実現する善の種子を恵みとして与えられています。その善種を自己中心主義にとらわれて曇らせることなく、世代をこえて永続的に受け継ぎ、新たな創造を加え、次の世代へと譲り渡していくことが究極善を実現する道です。したがって倫理道徳は、本来、個人的な幸福である私的善の実現だけでなく、専門倫理や職業倫理の確立、国家社会の治安や安全保障、人類社会の持続的発展や地球環境の保全など、公共善の実現を視野に入れた公共性をもったものでなければなりません。あわせて家族の絆《きずな》を強化し、安定した家庭を築き、地域社会では隣人との交流を深め、国家社会の根幹を揺るがしかねない急速な規範意識の弛緩《しかん》と崩壊を食い止める必要があります。本書は、読者と共に手を携《たずさ》えて、このような困難な課題の解決に取り組んでいきたいと念願しています。

今日はまた、高度な科学技術の発達により、人類は豊かな物質文明と健康長命を楽しむことができるようになりました。しかしこの理想は、いまだ人類全体の福音《ふくいん》にはなっておらず、貧困や飢餓《きが》にあえぐ地域では、人間の安全保障が焦眉《しょうび》の急となっています。この課題もこれからの倫理道徳が避けて通れない最重要事です。たまたま豊かな社会を実現した地域では、皮肉なことに人々は生きる意味を喪失し、喜びと生きがいのない人生を送る人々が増えているという現実があります。人間は生きる意味を求める存在だといわれますが、人生は、仕事上の失敗や挫折、重篤《じゅうとく》な病気、人間関係上の悩みや軋轢《あつれき》など、さまざまな困難や試練に満ち満ちており、だれしも生きる意味が奪われる危機的な事態から逃れることはできません。この人生の意味の実現も、今日の倫理道徳に課せられた重大な課題です。

本書は、さまざまな人生上の苦悩の中でも、特に最近の医療や介護の現場における、死を目前にした人の生きる意味の喪失感・絶望感など全人的苦悩としての「スピリチュアル・ペイン」の問題に関心をもち、そうした人が心の深い世界で安らぎや生きがいを取り戻し、全人的意味の回復を目指す「スピリチュアル・ケア」の問題に注目しています。これは現代社会に生きる私たちが隣人と共に安心と喜びに満ちた人生を送るうえで、重要な手がかりを与えてくれるものだからです。世界諸聖人は人生の意味についてもっとも包括的で深い洞察をなし、異なった文化的背景をもちながら、人類共有の倫理道徳のあり方を示した人たちです。本書は、諸聖人の倫理道徳に一貫する最高道徳を普遍性の高い道徳原理として提示し、人類が激動の世紀を生き抜く力と叡智を与えようとするものです。これからの倫理道徳は、人類社会が抱える諸問題を解きほぐす包括的・体系的な道徳原理を提示するとともに、現実社会のさまざまな問題に対処し、意味ある人生を成就するため、倫理道徳を実行する具体的な手立てを提案する実践性を備えたものであることが求められます。本書には、随所にそのような生きた実践の指針が見いだされることと信じます。

本書は、人類の生存・発達・安心・平和・幸福を究極の善とし、その善を実現することが倫理道徳の中心課題であること、同時にその実現の努力こそ、人々の意味ある人生を完成させるものであることを明らかにしています。倫理道徳は、排他的・独善的な性質のものではなく、公共の広場において成り立つものであってこそ、万人の共生のための任務を果たすことができるでしょう。世界の人類が、それぞれの文化の多様性を尊重し合い、そこに通底する価値を探求する「互敬」の精神こそ、激動の世紀を生き抜くための人類共有の道徳原理といえるのではないでしょうか。読者の皆様は、ぜひ本書を繙《ひもと》き、人類の共生という崇高な目標に向けて共に歩む僚友として、率直なご意見やご提言をお寄せくださいますようお願い申し上げます。

最後に本書の編集に献身的にご尽力くださいました方々、貴重なご助言やご教示をいただきました多数の皆様に、衷心《ちゅうしん》より感謝申し上げる次第です。

財団法人モラロジー研究所　道徳科学研究センター

付録

廣池千九郎の個人史とモラロジーとの関係について

人類社会や個々人の生き方を対象とする学問の場合には、いずれも研究を行う人物の人生体験、世界観、価値観というものが深く影響し、個性豊かな学説が生み出されます。

一種の幸福学であり、倫理道徳に関する学説の一つであり、多方面の実践指針からなる総合人間学・モラロジーという学問も、この例外ではありません。

モラロジーも、明治維新の直前に生まれ、二十世紀の前半まで、明治、大正、昭和という三代を懸命に生きた廣池千九郎《ひろいけちくろう》という一人の個性豊かな日本人が生み出したものにほかなりません。

もちろん、そのような特質をもった倫理道徳学も、科学の方法、歴史の事実、多くの一般人の経験をもち寄って検討し合うことを通じ、単に個人の見識と体験とにとどまらず、より広範な人々にとって、共通性のある成果へと高めることができます。古代の人々はもちろん、近代のA・スミスやI・カントの道徳説も、そのように万人の検討に付されました。

廣池は、歴史の事実を基本とし、かつ科学という方法を重視しています。したがって、道徳に関する自己の研究と個人的体験を科学のもとでのテストにかけ、道徳を万人に当てはまるものに向けて推進したいという念願を表しています。

廣池は、大正年間より、相当詳細な日記をつけ、著述もよく保存し、手紙類も遺《のこ》しています。自己の道徳実行の経験と実験を、後世の人々の科学的検証の対象にしてほしいとの希望からと推察されます。

以下に掲げる廣池の略伝は、廣池の人生における学問研究の過程と体験の内実を示すものとして参考に供するものです。

廣池千九郎略伝 ―― 道徳の研究と実行への歩み ――

一、中津時代

　廣池千九郎は、慶応二年（一八六六）三月二十九日、豊前《ぶぜん》の国中津藩、下毛《しもげ》郡鶴居村大字永添《ながそい》（現在の大分県中津市東永添南）の農家において、父半六、母里ゑ《りえ》の長男として生まれ、信仰心が篤く温厚な父と利発な母のもとで育てられました。福澤諭吉（一八三四～一九〇一）と同郷の後輩です。九歳のとき、永添小学校に入学、十三歳で同校を卒業、続いて中津市校に編入学し、人一倍勉学に励み一年あまりで卒業しました。

　いったん母校永添小学校の助教となりましたが、向学の志に燃え、三年間で助教を辞め、大分師範学校を受験しました。しかし、受験に失敗したため、大分市にあった小川含章《おがわがんしょう》の私塾・麗澤館《れいたくかん》に入塾して、漢文、古典などの勉強に打ち込み、その後、再度受験しましたが、またも失敗。千九郎はそれにくじけず、さらに勉学に励み、今度は一挙に応請試業《おうせいしぎょう》（初等師範科の卒業資格試験）に挑み、見事に合格して本科訓導《くんどう》の資格を得ました。

　このころ、洪水のごとく流入する欧米の思想文物に直面して、少年千九郎は師の影響のもと、**日本の「国柄」の行く末**を深く憂慮するようになりました。

　廣池は明治十八年（一八八五）三月、十九歳で、下毛郡形田《かただ》小学校訓導となり、東洋のペスタロッチを目指して、「我、家産一万円に達すれば孤児五十人を養わん」の情熱に燃え、貧しい子供たちのための子守学校や夜間学校開設に奔走《ほんそう》しました。形田《かただ》、万田《まだ》、中津高等と小学校教員を歴任する間、大分県教員互助会の設立（明治二十三年）をはじめ、宮永《みやなが》村の大火の罹災者《りさいしゃ》救済運動など、社会的活動にも尽力しています。

　明治二十二年七月、二十三歳のとき、角半衛《すみはんえ》の長女はると結婚。二十五年八月（二十六歳）に、歴史家たらんと志して郷関《きょうかん》を後にし、夫人と共に京都に出ました。

　在郷時代には、実学の思想に貫かれた「蚕業《さんぎょう》新説製種要論」（稿本）、「遠郷僻地《えんきょうへきち》夜間学校教育法」（稿本）、『小学修身用書』や、地方史の先駆《せんく》といえる『中津歴史』の著作があります。『中津歴史』では、家、郷土、藩という社会の成り立ちと人々の暮らしと文化を歴史のうえから調べ、**歴史研究の目的は、人類の行跡《ぎょうせき》における「一定不動の法則」の探究にある**、という考えを提示しました。

実証的に法則を探究するという態度は、その後における千九郎の学問の基調となりました。すでに中津時代、千九郎は生涯の師の一人、井上頼圀《いのうえよりくに》（一八三九～一九一四）を知りました。廣池は、井上頼圀から、日本の国柄つまり国家の中軸である皇室の万世一系の真原因を明らかにするという問題意識を受け継ぎました。

二、京都時代

京都において廣池は、歴史の研究とその普及を目指して、月刊誌『史学普及雑誌』（明治二十五年九月創刊）を刊行。誌上で、洋の東西における学者の業績を紹介する一方、みずからの歴代天皇についての研究成果も発表しました。この雑誌を介して富岡鉄斎《とみおかてっさい》（一八三六～一九二四）などの師とも出会います。しかし、雑誌の売れ行きはかばかしくなく、生活苦との闘いが続きましたが、そうした中でも両親に京都を見物させるなど、孝養を尽くしました。

この間、醍醐寺三宝院の寺誌編纂、延暦寺の古文書整理、『平安通志』の編纂などに携わるかたわら、寸暇を惜しんで歴史の研究に打ち込んで、『皇室野史《やし》』『史学俗《しがくぞく》説弁《せつべん》』『新説日本史談』等を著しました。

そのころ、廣池は、東京帝国大学教授・法学博士穂積《ほづみ》陳重《のぶしげ》（一八五五～一九二六）の「法律五大族の説」に出会います。廣池は、そこから「世界五大法系中、四系はすでに西洋人によって開拓されているのに、支那法系のみはまったく前人未到《ぜんじんみとう》であり、これは漢学の素養ある東洋の少壮学徒によって完成されるべきである」とのメッセージをくみ取りました。廣池はひそかに「自分こそ、その任にあたらせていただこう」と発憤《はっぷん》、日本法制史、東洋法制史の研究に取りかかりました。

三、前期東京時代

廣池は、国学の大家・井上頼圀によって学力を認められ、明治二十八年五月（二十九歳）、『古事類苑《こじるいえん》』編纂《へんさん》事業に従事するために招かれ、上京しました。

『古事類苑』の編纂は、国家的事業であり、三十部門、本文一千巻、洋装本五十一冊に及び、日本の古事に関する文献資料を神代《じんだい》から江戸末期まで広く収め、日本文化の特質を明らかにしようとした日本最大の事典です。廣池は、編修長・佐藤誠実《さとうじょうじつ》（一八三九～一九〇八）のもと、この事業に十二年間従事、二十一部門、二百五十巻あまりを執筆し、大きな功績を残しました。それは、宗教、政治などを含め、廣池の学問の基礎と裾野を広げることに役立ったのです。

同時に、廣池は、穂積によって問題意識を触発された法制史研究にも打ち込み、『東洋法制史序論』（早稲田大学出版部、明治三十八年）を発刊して、当時の学界の注目を集めました。また、古代漢語研究の『支那文典』、及び『日本文法てにをはの研究』を著しましたが、この文法研究は、東洋語と西洋語が同一の文法構造を共有することを示すものでした。

さらに、法制の比較のため、『倭漢比較律疏《わかんひかくりっそ》』『大唐六典《だいとうりくてん》』を手がけ、「令義解《りょうのぎげ》」の研究にも取り組むなど、東洋法制史家としての地位を不動のものとし、明治三十五年からは、早稲田大学講師となり、支那文典、東洋法制史を講じました。

四、伊勢時代

明治四十年六月（四十一歳）、『古事類苑』の編纂が一応終了すると、廣池は、当時官立であった伊勢の神宮皇学館に教授として招聘《しょうへい》され、東洋法制史、神道史《しんとうし》などを講じる中で、『伊勢神宮』を著しました。

この間、穂積陳重の助言を得て、学位論文『支那古代親族法の研究』を完成、大正元年（一九一二）十二月（四十六歳）、東京帝国大学から法学博士の学位を授与されます。この研究は、人類社会の基礎をなす家族・親族の絆《きずな》を正すものとしての、葬礼についての比較文化的な研究であり、道徳の根本に関わる研究でした。

ところが廣池は、大正元年、積年のすさまじい研究生活が禍《わざわ》いして、生死の間をさまよう大病にかかりました。このとき、廣池は病床で苦しみながらも、

我幸いにして病《やまい》を得たり

の心境に達し、みずからが開拓した専門学を放棄し、世俗的名利《めいり》をいっさい顧《かえり》みず、ただ自分の力を全人類の安心、平和、幸福のために捧げることを決意しました。病

床で書き留めた「日記」にこう記しています。

無我の愛というは、己《おの》れをす（捨）つることなり。己れをすつるとは、己の生命、財産、自由をすてて、人類の幸福に資することなり。（『廣池千九郎日記』①一三一ページ）

このころから、廣池のより深い道徳実行への探求が始まります。

五、奈良時代

大正二年、この大病から奇跡的に脱した廣池は、慶応、早稲田など諸大学からの招聘《しょうへい》を断わって、天理教の本部に身を投じました。そのきっかけは、大病のおり、天理教信徒のひたむきな看護に接し、自己の内面にもつ慈悲心を発現するという体験をしたことにあります。廣池は、長年かかって集めた多くの蔵書も本部に寄贈し、教育顧問、天理中学校長として、教育と研究に献身的な努力をしました。

しかし、大正四年には、やむなくその教団本部から退かざるを得なくなり、無一物となって身を引きました。天理教独立のために作成された公式の『明治教典』が、教祖の真意からはずれている、と公然と批判したためでした。

このときの心境を廣池は、「日記」に次のように書いています。

曲直いずれにあるも……自ら争うては平和唱道の世界の開祖たることは出来ず。またその主義をもって人を感化すること能《あた》わざればなり。すべていかなる事も、これを自己に反省し、謝罪し、感謝してこそ、人格の力は強大なるものなれ。かくてこそ始めて人心を救済することは出来るなれ。

廣池はこの間、天理教教祖・中山みきの研究と、この事件の体験を契機として、道徳（ことに世界諸聖人の実行に見られる「最高道徳」という質の高い普遍的な道徳）こそ、人類の安心平和と幸福の原動力であると悟ることになります。そして、道徳実行の効果を学問的に証明することの必要性を痛感し、その学問をモラルサイエンスと名づけ、以後、道徳の体系的研究に没頭することとなりました。

廣池は、まず、『伊勢神宮と我国体《わがこくたい》』（大正四年九月）において、皇室の祖先神天照大神の示した**「慈悲寛大自**

己反省」を最高道徳の根本的精神として確認し、『日本《にほん》憲法淵源論《けんぽうえんげんろん》』（大正五年十一月）では、政治、法律、経済、教育が、この根本精神の基礎に立たなければならないことを説きました。

また、当時、世界中で激化してきた社会主義運動や労働問題を憂え、全国各地を回って、その道徳的解決に奔《ほん》走《そう》しました。労使双方が最高道徳を実践することが、人類の幸福と世界平和の確立につながるとの考えによるものでした。

六、後期東京時代

廣池は、新しい学問「モラルサイエンス」つまり人類の存続発展、平和、幸福を総合的に探求する学問の樹立に向かってひたむきに研究を続け、ついに大正十五年八月十七日、**『道徳科学の論文』**の原稿を完成（この日は、のちにモラロジー研究所の創立日に定められた）。次いで昭和三年（一九二八年、六十二歳）、それを公刊しました。

廣池は、モラルサイエンスに新しい学術名として**モラロジー**という名称を与えました。この『論文』の中で、人類の教師と称《たた》えられる**ソクラテス**、**イエス**、**釈迦**、及び**孔子**、また日本皇室の祖先神である**天照大神**の思想と道徳の系統を研究し、そこに共通一貫する道徳を「最高道徳」と名づけました。廣池は、この最高道徳こそが人間生活の標準であり、人類に平和と幸福を招来するものであると力説しました。

『論文』には、『武士道』の著者・新渡戸稲造《にとべいなぞう》、政治行政家・阪谷芳郎《さかたによしろう》、歴史学者・白鳥庫吉《しらとりくらきち》の三氏が序文を寄せ、共に廣池千九郎の出現とモラロジーの完成が「独り日本人の誇りにとどまらず全人類の誇りでもある」と絶賛しました。

さらにその後、廣池は『孝道の科学的研究』（昭和四年）、『新科学モラロジー及び最高道徳の特質』（同五年）などを刊行し、道徳の理論をいっそう深め、モラロジーによる教育活動への準備を整えました。

ところが廣池は、新潟県の栃尾又《とちおまた》で生死を危ぶまれる重病に見舞われました。その際、死を予感し、後に**「霊《れい》肉不二万古不易《にくふじばんこふえき》」**という言葉にまとめられる悟りの境地を門弟に語っています。

廣池は、『道徳科学の論文』において、宇宙が神・本体であり全身全霊であり、人類と個人はその分身分霊であるという見方を述べています。人々の救いへの願いから発する問いに答えて、次のような悟りを示しました。すなわち、

人間はこの世において誠心誠意、最高道徳を実行し、死せる後には各自の霊魂は神・本体・宇宙に帰一して永遠に存在する。

という信念がそれです。廣池自身は、生死の間をさまよう重体の中で、

最高道徳を実行する人々の祈願を神・本体にお取次ぎさせていただく。

という意味の希望を周囲の人々に語りました。廣池は、道徳実行の根底に、このような信仰を抱いていたのでした。廣池はそのとき、仏教における阿弥陀如来の例を引き合いに出しています。

昭和六年九月、病から回復すると、廣池は社会教育活動の第一歩として、直ちに大阪毎日新聞社主催による大講演会を開催しました。席上、挨拶に立った新渡戸稲造博士は、千九郎を評して、「西洋の思想界が待ちこがれている〝東方の光〟の一つである」と述べ、大きな期待を表明しています。廣池は、これを第一歩としてその後全国各地で社会教育活動を展開していきました。

七、千葉時代

廣池は、昭和十年（一九三五年、六十九歳）、社会教育と併せて、モラロジーを体系的に研究し教育する機関として、現在の千葉県柏市光ヶ丘の地に、道徳科学専攻塾を開設します。

同塾は、イギリスのオックスフォード大学やケンブリッジ大学などを参考に、男女共学、全寮制、師弟同学とし、モラロジーにもとづく道徳と外国語の教育に重点を置くものであり、これが今日のモラロジー研究所と廣池学園（麗澤大学、麗澤中学・高等学校、麗澤瑞浪中学・高等学校）の前身となりました。

廣池はまた、国家の指導者の来塾を仰いで、モラロジーを説き、最高道徳の実践を訴えました。この中には、皇族・賀陽宮恒憲王《かやのみやつねのりおう》、首相経験者・斎藤實《さいとうまこと》及び若槻礼次《わかつきれいじ》郎《ろう》などの名が見られます。

廣池の倫理道徳論は、昭和三年の『道徳科学の論文』の公刊により一応完成するのですが、しかしその後にも

深刻な現実問題を巡って、発展と充実を見せます。すなわち、日本国家の内政改革、外交軍事問題、及び会員に対して示した精神的救済です。

　時あたかも世界には戦雲立ち込め、当時の日本も偏狭な国家主義に傾き、戦争の泥沼に踏み込んでいきました。憂国《ゆうこく》の念に燃えた廣池は、最高道徳の立場から、戦争を回避するため、各界の指導者に建議書《けんぎしょ》や書簡を送り続け、平和への道を強く訴えました。

　当時は、日本も世界恐慌の波に巻き込まれ、国民の暮らしは混乱を極めていたのです。廣池の最高道徳にとっては、国家国民の救済が試金石であり、それについて首相に就任したばかりの斎藤實に向け、均衡《きんこう》財政への復帰、国民の間の貧富格差の是正《ぜせい》、及び階級対立の緩和を目指す内政財政改革の建言を行いました。

　また、昭和七年から十二年にかけては中国大陸で紛争が激しくなり、軍部とそれに引きずられる形で、政府は派兵を進め、さらに欧米との軍事衝突《しょうとつ》が避けられない事態となりつつありました。廣池は当時、昭和天皇側近の侍従長、鈴木貫太郎《すずきかんたろう》宛てに、最高道徳の立場より、**天皇の御意志を表明し、南中国から日本軍を総引き揚げすること**を含め、欧米との協調を維持する根本的な平和的外交を建言しています。

　当時は日中戦争が勃発《ぼっぱつ》し、日本が太平洋戦争に突入する直前でしたが、廣池は、弱りきった老体をおして、皇族賀陽宮殿下に対し、十二回にわたるご進講を行い、最高道徳の内容と国家の指針を申し上げています。

　学者として、教育家として、また警世家《けいせいか》として、燃えるような情熱と至誠をもって一生を貫いた廣池は、昭和十三年（一九三八）六月四日、群馬県谷川近くの大穴《おおあな》温泉の寓居《ぐうきょ》で、その七十二年の生涯を閉じました。

辞世

とこしべに　我たましひは茲《ここ》に生きて
御教《みおしえ》守る人々の　生れ更《かわ》るを祈り申さむ

ま行

や行

ら行

わ行

な行

は行

た行

さ行

索　　引

総合人間学モラロジー概論

── 互敬の世紀をひらく道徳原理 ──

平成19年9月1日　初版第1刷発行
平成26年6月1日　　　第4刷発行

編集
発行　公益財団法人 モラロジー研究所
〒277-8654 千葉県柏市光ヶ丘 2-1-1
TEL.04-7173-3155（出版部）
http://www.moralogy.jp/

発売　学校法人 廣池学園事業部
〒277-8686 千葉県柏市光ヶ丘 2-1-1
TEL.04-7173-3158

印刷　横山印刷株式会社

ISBN978-4-89639-143-5